I0842429

Universidad Autónoma del Estado de Hidalgo

Comercio, Medio Ambiente y Capital Intelectual Verde, una acción trifásica para México: Caso Hidalgo

Amada Hidalgo Gallardo
Ruth Leticia Hidalgo Gallardo

(autoras)

Primera edición: diciembre 2019

Este libro fue financiado con recursos del Programa
para el Desarrollo Profesional Docente (Promep)

Formación tipográfica: José Luis Castelán Aguilar

PyV: 978-607-8624-53-9

Impreso en México / *Printed in Mexico*

Índice General

Índice Tablas

Índice Figuras

Índice Gráficas

Índice Cuadros

Abreviaturas y Siglas

ACPR	Acuerdos Comerciales Preferenciales
ACU	Unión Asiática de Compensación
AL	América Latina
ALADI	Asociación Latinoamericana de Integración
APEC	Cooperación Económica de Asia Pacífico
ASEAN	Asociación de Naciones del Sudeste Asiático
BM	Banco Mundial
CAN	Comunidad Andina de Naciones
CAO	Comunidad de África Oriental
CEDEAO	Comunidad de Estados del África Occidental
CEEAC	Comunidad Económica de Estados de África Central
CER	Certificados de Reducción de Emisiones
CI	Comunidad Internacional
CM	Convenciones Multilaterales
CMNUCC	Convención Marco de la Naciones Unidad sobre el Cambio Climático
CO2	Emisiones de Oxido de Carbono
COINHI	Corporación Internacional Hidalgo
COMESA	Mercado Común para el África del Sur y el Este
COP	Conferencias de las Partes
CRTC	Centro y Red de la Tecnología del Clima
DI	Derecho Internacional
DIP	Derecho Internacional Público

EUA	Estados Unidos de América
FMI	Fondo Monetario Internacional
GATT	Acuerdo General sobre Aranceles Aduaneros y Comercio
GEI	Gases del Efecto Invernadero
IED	Inversión Extranjera Directa
INECC	Instituto Nacional de Ecología y Cambio Climático
IPCC	Grupo Intergubernamental de Expertos sobre el Cambio Climático
MDL	Mecanismo de Desarrollo Limpio
MERCOSUR	Mercado Común del Sur
OCDE	Organización para la Cooperación y Desarrollo Económico
OEA	Organización para los Estados Americanos
ODS	Objetivos del Desarrollo Sostenible
OIG	Organizaciones Internacionales Gubernamentales
OMC	Organización Mundial de Comercio
OMM	Organización Meteorológica Mundial
ONU	Organización de Naciones Unidas
OUA´s	Organización para la Unión Asiática
OUAf	Organización para la Unión Africana
PEA	Población Económicamente Activa
PED	Plan Estatal de Desarrollo
PIB	Producto Interno Bruto
PK	Protocolo de Kioto
PND	Plan Nacional de Desarrollo
PNUMA	Programa de Naciones Unidas para el Medio Ambiente
PyMES	Pequeñas y Medianas Empresas
SAARC	Cooperación Regional del Sur de Asia
SACU	Unión Aduanera de África Austral
SAGARPA	Secretaría de Agricultura, Ganadería, Desarrollo Rural, Pesca y Alimentación
SEDECO	Secretaría de Desarrollo Económico
SEMARNAT	Secretaría de Medio Ambiente y Recursos Naturales

SI	Sistema Internacional
TLC	Tratados de Libre Comercio
TLCAN	Tratado de Libre Comercio para América del Norte
TPP	Acuerdo de Asociación Transpacífico de Cooperación Económica
TTIP	Asociación Transatlántica para el Comercio y la Inversión
UNASUR	Unión de Naciones Suramericanas

Prólogo

Hopwood (1987), ponía de manifiesto que: "es necesario buscar en el pasado de las compañías para comprender el presente". En este sentido, en el libro queda nítidamente claro que para generar una crítica de las acciones y sus repercusiones es necesario recurrir a la historia. La preocupación por el medio ambiente, el bienestar, la Balanza de Pagos o la asignación de los recursos productivos no fue objeto de análisis económico, más que de manera aislada hasta hace unos años cuando entre los economistas se empezó a valorar la vinculación que existe, entre utilización intensiva de los recursos considerados tradicionalmente en la teoría económica convencional como recursos ilimitados y el deterioro medioambiental.

En el libro que presenta la profesora Hidalgo Gallardo, A., se correlacionan una serie de acciones con el desajuste medioambiental, las acciones y medidas optadas a nivel internacional con las que se desea contrarrestar las emisiones CO2; también se reflexiona en aspectos acerca del debate internacional respecto al medio ambiente; la interrelación entre comercio y medio ambiente; el debate comercio-medio ambiente, liberalización comercial e impacto medioambiental, efectos de la política medioambiental sobre el comercio; el medio ambiente y el cambio climático; el dilema común global (los acuerdos multilaterales sobre el medioambiente); normas comerciales *versus* acuerdos medioambientales; la dimensión económica internacional del cambio climático; cooperación internacional y cambio climático. Específicamente, un capítulo muy interesante es el referido a México tanto en el Comercio Internacional como en su fase medioambiental, para enlazar con la política medioambiental de México y el Estado de Hidalgo.

En el libro se trata también un aspecto novedoso en el ámbito empresarial: el alcance y contenido del Capital Intelectual Verde, como un hecho diferencial competitivo estratégico dentro de las empresas, formado por su capital humano con ideas para solventar la problemática global medioambiental que se ha presentado anteriormente en los primeros capítulos. El activo intangible es cada día más importante en las empresas y el capital intelectual es un componente importante del mismo. El problema que existe hoy es su medición en el ámbito de la Contabilidad. El Capital Humano, actualmente conceptualizado como Capital Verde, es una oportunidad para llevar a cabo el cambio, dentro de las medidas tanto de México como del Estado de Hidalgo es un componente importante el conocimiento y la concienciación de cuidar nuestro planeta (la madre tierra). En este apartado se aportan los beneficios de generar ese capital verde y posicionarlos en los sectores productivos.

Como dice la autora, este libro tiene la intención de brindar una esperanza para el planeta, para la humanidad y para las generaciones futuras, porque es necesario que cada persona, cada sector y cada gobierno, reconozcan que si no cuidamos nuestros recursos naturales viviremos en un planeta desolado y sin opción al alimento. Respetemos a la madre tierra en la que vivimos todos: humanos, animales, plantas, aire, etc. Respetemos también al gran pulmón del mundo: la Amazonía (respeto al mundo indígena), respeto a la dignidad de todas las personas, etc.

Mariano Sánchez Barrios

Profesor titular de la Universidad de Sevilla.

Sevilla, 25 de febrero de 2018

Introducción

La circunstancia que experimenta el planeta, la sociedad internacional y los ecosistemas es deprimente, a causa de los fenómenos climatológicos que se enfrentan tales como: efecto invernadero, calentamiento global, así como la contaminación del aire y los mares. Esta influencia ambiental se ve reflejada en una serie de desequilibrios e inconsistencias para todos los seres vivos enfrentando a una inseguridad alimentaria en un futuro próximo.

El panorama anterior es una respuesta a las decisiones tomadas por la humanidad en un afán ferviente por obtener productos de diferente origen, por la innovación en la industria, por la conquista de nuevos mercados y finalmente,, en el siglo pasado, por el ideal de un nuevo orden económico-político y social para los países desarrollados y los no desarrollados; toda esta propuesta se engloba en el término Liberalización Económica.

La consolidación del libre comercio se asegura mediante dos figuras importantes para la sociedad internacional, por un lado los Tratados y Acuerdos Comerciales y, por otro, la creación de las Organizaciones Internacionales Gubernamentales (OIG). A partir de estas figuras, los países inician esta carrera de compartir mercados y de industrializar de manera masiva, de tal forma que en poco tiempo, es decir, a 20 años de la creación de esta infraestructura, se detecta que el ambiente está presentando reacciones dañinas para los ecosistemas; el calentamiento global.

La reacción de la Comunidad Internacional (CI) mediante la Organización de Naciones Unidas (ONU) se encarga de convocar diversas convenciones multilaterales con el propósito de reunir a todos los Estados para lograr implementar mecanismos que aborden la mitigación y/o control de las Emisiones de Óxido de Carbono (CO_2).

Es sin duda, dentro de estas convenciones, que se menciona la acelerada industrialización, el comercio exterior, la productividad y la competitividad como parte del deterioro medioambiental. Asumiendo que se debe de contrarrestar los daños al medioambiente de manera urgente para evitar un colapso en los ecosistemas, en consecuencia la inseguridad alimentaria. Los proyectos internacionales primeramente han sido, la norma imperativa medioambiental aplicada a todos los Estados, refrendar los acuerdos sobre medidas adoptadas medioambientales como la Ronda de Río de Janeiro, la Convención Marco de la Naciones Unidad sobre el Cambio Climático (CMNUCC) vía la Conferencia de las Partes (COP), el Protocolo de Kioto (PK), el Grupo Intergubernamental de Expertos sobre el Cambio Climático (IPCC).

En otra perspectiva, mediante la Organización Mundial de Comercio (OMC) se trata de equilibrar y normar las operaciones comerciales a través de sus plataformas de Reuniones Doha y el Grupo de los 20 con la finalidad de buscar las alternativas para un desarrollo sustentable, el cual genere un comercio limpio con la aplicación de buenas prácticas.

De la misma forma, la ONU ha diseñado los Objetivos del Desarrollo Sostenible (ODS) en el que se establecen medidas para poner fin a la pobreza, proteger el planeta y garantizar que todas las personas vivan en paz y prosperidad. Estos objetivos motivan a buscar la forma de equilibrar el comercio con el medioambiente, como lo señala Ibarra (2007) que, las medidas medioambientalistas no sean usadas como barreras no arancelarias y de ahí generen obstáculos al comercio internacional, sobre todo en perjuicio de los países menos desarrollados.

Igualmente la propuesta de la OMC (2013) respecto a que la apertura del comercio y la protección del medioambiente son componentes básicos del desarrollo sostenible. En relación a estas aportaciones, sobre todo a las medidas ya establecidas a nivel internacional, es relevante analizar si todos los Estados están involucrados con esta política económica-ambiental, así como si cada uno de los Estados refleja o transfiere dichas políticas medioambientales a todo su territorio, de esta forma se puede concretar la puesta en marcha de las acciones, medidas, instrumentos y mecanismos para lograr controlar y/o mitigar el calentamiento global.

De acuerdo con este planteamiento, de ejecutar procesos productivos sostenibles, así como un desarrollo económico responsable del planeta, es relevante considerar al capital humano como parte de la estrategia para fomentar el cambio. Es fundamental que existan profesionales con ideas innovadoras orientadas a la creación de nuevas tecnologías e innovaciones que puedan servir para los nuevos procesos de producción, comercialización y transportación de los bienes.

Por ello, el Capital Verde es una opción que fortalece tanto en educación, creatividad, socialización y sensibilización para la sociedad, con una concientización en el cuidado de los recursos naturales que evidentemente repercutirá en la mejora continua medioambiental. De aquí que se conjuntan en esta obra tres aspectos importantes a analizar: Comercio, Medioambiente y Capital Verde, eslabones que tienen que trabajar en armonía y hacia una sola dirección para lograr un futuro confiable y seguro para las futuras generaciones.

Igualmente comentar que esta investigación ha sido resultado del análisis a profundidad de fuentes primarias obtenidas principalmente de organismos internacionales, así como de estudiosos de los diferentes rubros. Para el análisis que se aporta para el caso del estado de Hidalgo, se ha efectuado una correlación de datos derivados de instrumentos aplicados a empresarios hidalguenses, obteniendo resultados que se muestran en el apartado correspondiente.

En virtud de esta motivación por conocer la trayectoria internacional que ha permitido el daño medioambiental, se efectúa esta investigación con la finalidad de que aporte las diferentes situaciones en las que se ha enmarcado tanto el libre comercio como la afectación medioambiental, de tal forma que se logre una crítica acerca de la problemática y, a su vez, se obtenga conocimiento y concientización de lo que se está heredando a las futuras generaciones.

Es de esta manera que el capítulo uno recopila una breve reseña de la actividad comercial: desde la Revolución Industrial hasta su aplicación en el Siglo XXI, así como las controversias medioambientales internacionales. Para generar una crítica de las acciones y sus repercusiones es necesario recurrir a una revisión histórica. Ese recorrido puede dar respuestas a las incógnitas que actualmente la CI tiene, de tal forma que, es relevante conocer el desarrollo que generó la aceleración económica que dio lugar al fenómeno de la industrialización hasta nuestros días. De acuerdo a dichos procesos, se analizan las acciones que crearon el desajuste medioambiental y en consecuencia las medidas que han sido adoptadas en el ámbito internacional, con la finalidad de mitigar y/ controlar las emisiones de CO2.

El capítulo dos está destinado a la inclusión de México, tanto en el Comercio Internacional como en su fase medioambiental. Es importante conocer que las prácticas comerciales y ambientales internacionales son adoptadas por todos los Estados. México es un país en desarrollo, cuyo paso hacia la internacionalización ha sido precipitada, ya que tenía un comercio conservador y la firma del Tratado de Libre Comercio de América del Norte (TLCAN) lo ha llevado a incrementar su industrialización, de hecho, ha sido designado como país emergente. De la misma forma precipitada, México ha pasado a insertarse a las políticas medioambientales ya que, aunque no es un contribuyente relevante, debe atender la normativa internacional con la intención de controlar sus emisiones CO2.

El capítulo tres aborda un tema relevante para el avance de las metas y objetivos planteados por la ONU. Para México es importante contar con personal calificado para atender todas las medidas, así como para generar la tecnología e innovación que se requiera en todos los sectores. De igual forma, como lo menciona Nivlouei y Khass (2014), se puede fomentar en el capital humano la estrategia de conciencia ambiental que es una oportunidad para llevar a cabo el cambio, tanto para México como para el estado de Hidalgo, considerando que son componentes importantes el conocimiento y la concientización de cuidar nuestro planeta. En este apartado se aportan los beneficios de generar ese capital verde y posicionarlos en los sectores productivos.

Finalmente, el capítulo cuatro ha sido diseñado para observar la transición de la política medioambiental de México hacia el estado de Hidalgo, como una muestra de que el gobierno mexicano ha hecho efectiva sus lineamientos para propagar el desarrollo sostenible, así como la adaptación al cambio climático, mediante la Ley General del Cambio Climático y el Sistema Nacional del Cambio Climático asentadas en las políticas medioambientales estatales, su inclusión a la normativa nacional, así como la vinculación de todos los sectores en esta política. De la misma forma se presenta un estudio del comportamiento de las empresas exportadoras hidalguenses al cumplimiento de la regulación medioambiental.

Esta obra tiene la intención de brindar una esperanza para el planeta, para toda la sociedad internacional, así como para el futuro próximo, porque es necesario que cada persona, cada sector y cada gobierno, sean conscientes y reconozcan que si no cuidamos nuestros recursos naturales, viviremos en un planeta desolado y sin opción al alimento.

Capítulo I. La actividad comercial: desde la Revolución Industrial hasta su aplicación en el siglo XXI

Introducción

Para abordar la temática comercial mundial actual es necesario recurrir a la historia. A través de la revisión de los acontecimientos, se pueden entender las decisiones que la CI ha tenido que concretar, de las cuales se han conseguido tanto avances como fracasos, pero que todo ha llevado a retos y desafíos que aún en la actualidad se siguen enfrentando.

Este análisis se hace a partir del Siglo XIX con el nacimiento de la Revolución Industrial que tuvo gran significado para el comercio internacional, ya que a partir de este proceso de transformación, los países se industrializaron y buscaron la forma de internar su producción en otros mercados.

Esta nueva etapa trajo auge principalmente para la Gran Bretaña, pero también dio lugar a grandes luchas por la conquista de mercados y crisis por el equilibrio económico. A través del tiempo se logró retomar la postura del libre comercio dando lugar a los grandes acuerdos comerciales regionales expresados en Europa y en otros continentes.

La actualidad está orientada hacia las nuevas tecnologías y nuevos productos en los mercados, los desafíos se encuentran en las finanzas, en la regulación, en los mercados electrónicos y de servicios, en la demografía y en el capital humano que pueda aplicar las normatividades y busque nuevas estrategias para conquistar los mercados y lograr la permanencia en los mismos.

La política comercial al 2030 está relacionada con la incumbencia preponderante de los Estados menos desarrollados que tienen los recursos naturales, por lo que se espera que la interconexión sea Sur-Sur mediante un comercio intrarregional que dé oportunidades reales para el desarrollo de estos países.

La evolución del hombre se ha caracterizado por la dependencia para su crecimiento y desarrollo. Una de las principales necesidades ha sido obtener productos que no tiene en su propio territorio, por ello nace el intercambio de bienes y servicios determinado con el nombre de "comercio", práctica que ha experimentado diferentes fases a través de la historia.

Una de las etapas significativas en la comercialización ha sido el Siglo XIX, llamada la primera era de la globalización, ya que la Revolución Industrial creada en Gran Bretaña se caracterizó por generar procesos industriales para la transformación de productos conduciendo a la conquista de nuevos territorios para comercializarlos. Esta práctica tuvo repercusión en las primeras teorías que observaban el comportamiento del comercio, como fue la aportación de Smith, (1776) respecto a la ventaja absoluta, en la cual asienta que tiene menos costo el adquirir un producto que producirlo en origen, con esto genera el pensamiento de un libre comercio benéfico para el enriquecimiento de las naciones (Rodríguez, 2015).

Es así como, la ventaja absoluta de Smith (1776) contempla la aplicación de la división del trabajo, acción que les otorgaba a los Estados a posicionarse en una especialización tanto de factores productivos como de productividad, sin embargo, no todos los países presentaban las bases para ejercer dicha especialización. En un análisis más minucioso sobre la ventaja absoluta, el teórico David Ricardo comenta que esta opción solo es aplicable para casos especiales, en los que los países tengan la producción suficiente con la que puedan comercializar. El análisis de David Ricardo determina considerar el valor relativo de los productos, señalando la diferencia de valor cuando los productos se encuentran al interior de un país y cuando son intercambiables. En este sentido el teórico denomina la existencia de una ventaja comparativa de las mercancías de cada país, lo que puede ser la diferencia para generar desarrollo y crecimiento a la economía entre los países (Laguna, 2002).

Estas teorías son las bases económicas que surgen como respuesta al proteccionismo comercial de la época y que el libre comercio puede ser la estrategia para el equilibrio de las naciones, basado en tres rubros importantes: las ganancias, los patrones y los términos de intercambio del comercio.

Si bien es cierto, la aceleración económica ha provisto de relaciones comerciales importantes para las naciones, sobre todo en el Siglo XX cuando se experimentaron acuerdos comerciales, asimismo la desbordante industrialización ha generado efectos negativos en el ambiente humano por tanto los organismos internacionales y los Estados han tenido que crear plataformas específicas para debatir la problemática.

En este apartado se analizarán las regulaciones y medidas que han aportado los organismos como la ONU, CMNUCC, PK, las COP y, sobre todo, los indicadores que aporta el Banco Mundial (BM) respecto al comportamiento de las emisiones

CO2. Los planteamientos y debates producidos en las reuniones ministeriales han girado hacia motivar a los Estados a aplicar los acuerdos en sus políticas internas, de tal forma que se produzca la reducción de emisiones de CO2, mediante actividades en los países para monitorear los avances a los que se han comprometido para 2020.

Esta problemática medioambiental pasó al siglo XXI con la esperanza de ser circunstancia ambiental del nuevo milenio, ha sido abortada furtivamente debatiendo en las conferencias multilaterales, donde la sociedad argumenta el peligro latente para todos los seres vivientes, así como que las emisiones CO2 en la atmósfera son señales visibles e irrefutables de un calentamiento global sin precedentes.

El comercio en el Siglo XIX

El Siglo XIX estuvo marcado por la iniciativa de Gran Bretaña y su industrialización, de tal forma que la comercialización fue, principalmente, de materias primas requeridas como los minerales, el carbón, las fibras y los productos manufacturados: vestidos, alimentos y maquinaria industrial. El aliado principal del siglo XIX para llevar a cabo el intercambio de mercancías entre las diversas regiones fue el transporte marítimo, de acuerdo con la Organización para los Estados Americanos (OEA, 1995).

Gráfica 1.1 Evolución del Comercio Mundiales 1830-1900

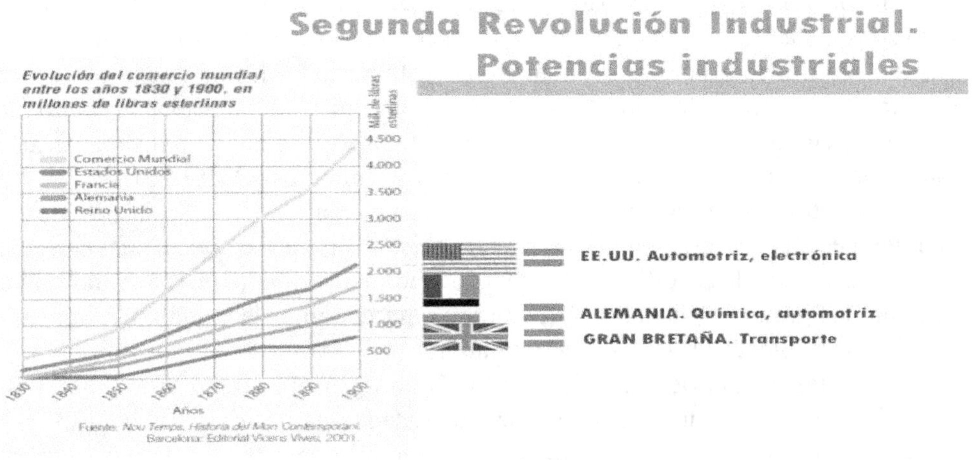

Fuente: Tomado de Barriga (2012).

Adicionalmente a los productos que se comercializaban en el Siglo XIX, la gráfica 1.1 muestra la expansión del comercio hacia el continente americano, donde Estados Unidos (EU) logra una competencia respecto a desarrollar y producir en serie, bajo este proceso se logró la producción de maquinarias, piezas automotrices y electrónicos, máquinas de coser y escribir, radios, teléfonos y línea blanca. Además del cambio en las prácticas comerciales se modificó la forma de vida, los sistemas de comercialización y el transporte. Por otra parte, las grandes potencias europeas participaban con productos químicos, automotrices y transporte, se experimentó la distribución de petróleo, caucho y acero. La producción industrial a escala estaba dando frutos en aspectos como la expansión en finanzas, los nuevos productos y los créditos al consumo. Este sistema de comercialización dio lugar también a la consolidación de redes de distribuidores quienes masificaron los mercados por lo que la división del trabajo pasó a ser el modelo de producción (OEA, 1995).

Era evidente que la Revolución Industrial había construido un entramado comercial para el posicionamiento de las potencias dominantes en la economía mundial, referenciando un esfuerzo por el equilibrio Norte-Sur.

Consolidación del Libre Comercio en el Siglo XX

Los comienzos del siglo XX se enfatizaron en la inclusión de todos los Estados, en la productividad, principalmente en alimentos y metales, así como la importación de manufacturas procedentes de los países industrializados.

Sin embargo, el siglo XX padeció la Gran Depresión económica de 1929, la cual trajo consigo las dos grandes conflagraciones mundiales en 1914 y 1939 que causaron destrucción e incertidumbre económica. En este periodo, las prácticas comerciales se vieron mermadas por la misma situación de inseguridad y de colapso económico, lo cual afectó el comercio exterior. Los productos que se comercializaban eran las municiones, equipos militares, objetos bélicos y alimentos (OMC, 2013).

Este contexto internacional propició el acercamiento de la CI a la búsqueda de condiciones que aliviaran el desajuste económico-político y social, el cual permitiera la reconstrucción, desarrollo y crecimiento económico. A finales de la Segunda Guerra Mundial las grandes potencias se reunieron para conciliar la pauta a esperanzas de paz duradera, bienestar y prosperidad mundial.

La estrategia vino de parte de Estados Unidos, el presidente Woodrow Wilson reforzó la medida de un mediador entre los Estados para dirimir las controversias, de igual forma propuso la liberalización comercial como medio para el equilibrio Norte-Sur y lograr un mundo equitativo. Aunado a estas propuestas, el Siglo XX trajo el conocimiento y comercialización de nuevas tecnologías, productos y recursos naturales.

Laval (2003) señala que el mecanismo para la efectividad de la libertad de mercados reside en un marco regulador activado vía pacífica. Este pensamiento lo asumen Locke, Hume y Bentham cuando disertan sobre los preceptos económicos occidentales relacionados con el poder y la riqueza en el ejercicio de la regulación del libre mercado.

Para Pattacini y Wisstaub (2009), la libertad de mercados significó una estrategia para desarrollo e internacionalización. Por otra parte, De la Dehesa (1994) menciona que la disminución de impuestos genera competitividad e influye en la economía interna respecto a las conductas del consumidor reflejándose en una macroeconomía.

A inicios del siglo XX, Schumpeter (1957) generó el pensamiento respecto a la importancia de tener asociaciones que buscaran el motor del sistema capitalista, determinando que ninguna sociedad actúa aisladamente, más bien retoma los acontecimientos externos que enlazan fenómenos externos para su análisis respecto a lo que acontece en el mundo (Croitoru, 2012).

En esta perspectiva, se da paso al refuerzo de nuevos entes internacionales OIG[1], que junto con los Estados estarían a cargo de operar la política comercial, logrando así crecimiento y reactivación de infraestructuras de producción; de tal forma que las institucionalización lo traslada hacia aspectos comerciales, financieros y productivos de los Países en Desarrollo (PED), así como a la modernización sucesiva de las estructuras productivas. Con este planteamiento, las OIG y los Estados, trasladan sus ideas sobre la liberalización comercial, financiera y productiva llevada principalmente a los países en desarrollo. De acuerdo a Toledo (2007), el Sistema Internacional (SI)[2] está integrado por actores internacionales que trabajan con todos los mecanismos que

[1] OIG.- Es relevante considerar que a finales de la Primera Guerra Mundial, ya se había instaurado la figura de un tercero para dirimir controversias, denominada Sociedad de Naciones, sin embargo los resultados que aportó esta organización no fueron los que se esperaban. Las potencias estaban en constante desajuste económico y no concretaban estrategias que hiciera que su competencia en los mercados fuera constante y formalizada, esto era parte del trabajo de la Sociedad de Naciones, aspecto que al no lograrse se terminó por la Segunda conflagración.

[2] Sistema Internacional.- Esta noción está ligado a la relación que existe entre los actores internacionales, ya sea de manera política, económica, social y otra que corresponda. El componente principal que regula a esta relación entre los Estados es el Derecho Internacional, igualmente las organizaciones amparadas a la legalidad, por lo tanto las actividades llevadas a cabo tanto por Estados como OIG son vinculantes a D.I. Toledo (2007) argumenta que, al Derecho Internacional Público (DIP), están sujetos todos los actores, como regulación supra, que actúa de marco normativo, presente en la historia, el derecho, la diplomacia y la geopolítica; mediante el cual y a través de la Paz de Westfalia se parte hacia la firma de Tratados. Por lo tanto, el DIP define la conclusión de negociaciones internacionales entre los entes participantes, con lo cual se genera la aplicación de la liberalización económica.

los conforman, las interacciones con otros, sus actividades y todo lo que comprenden a su alrededor

Por otra parte, la postura o guerra política entre las dos grandes potencias económicas: EU. y la URSS, generaba inestabilidad e inseguridad sobre la operatividad de una libertad de comercio. Sin embargo, se establecen políticas económicas vertidas en comercio, inversión, transferencia de recursos financieros todo ello para la modernización. Estas estrategias alentaban a los Estados a perseguir la cooperación para lograr minimizar la pobreza, discriminación y la desigualdad.

Derivado de este panorama, se expresan cuatro rasgos del liberalismo: 1) el republicano, que contempla la actuación de los Estados respecto a su política interna; 2) el sofisticado, que refiere al estado de bienestar dependiente de la sociología; 3) el regulador, que representa a las normas e instituciones hacia la cooperación y 4) el comercial, mediante el cual se provee de un desarrollo y crecimiento a través de los cuales se puede obtener la paz (Keohane & Borja, 2005).

De acuerdo a lo anterior, la sociedad consentía el arranque de un comercio externo con celeridad para los PED; la libertad de mercados era la oportunidad para la integración económica mundial, acción que procuraría modernización así como economías desarrolladas.

Pearson y Rochester (2000), señalan que, cuando los gobiernos determinan políticas económicas bajo intereses propios no se puede vislumbrar crecimiento, mientras que, si las políticas se ejecutan en cooperación con otros Estados, mediante comercio y/o inversión de manera recíproca, los beneficios serán oportunos para ambos.

La tendencia se manifestaba en la conquista de mercados externos, obtener capitales y tecnologías para la modernización y eficiencia de la infraestructura en producción. En otra perspectiva Vargas (2013), contempla que la propuesta fundamental responde a una política comercial mundial cambiante.

Por lo tanto, la liberalización económica se concreta bajo dos dispositivos: TLC[3] y un desempeño táctico de las OIG[4]. A partir de estas políticas, se inicia una

---

[3] Tratados de Libre Comercio.- (TLC) Es el mecanismo para aplicar la liberalización económica, son utilizados por los Estados para fincar convenios benéficos en reciprocidad. Igualmente son sujetos de Derecho Internacional por lo tanto, su regulación se encuentra en la Convención de Viena de 1969 y su revisión de 1980, este documento fue elaborado por todos los Estados firmantes de la ONU y con la finalidad de evitar malas interpretaciones en el momento de hacer acuerdos, por lo tanto, la Convención incluye desde definiciones como responsabilidades y obligaciones para cada uno de los firmantes de Tratados.

[4] Clasificación de los OIG.- Principalmente esta la Organización de Naciones Unidas (ONU) surgen también los organismos económicos con el propósito en dirimir las controversias entre los Estados así como para la reconstrucción por las guerras. Sin embargo y dado que se tenían que atender varias temáticas

aceleración económica sin precedentes, con la finalidad de insertar productos en otros países y hacer efectivos los beneficios de los convenios, de tal forma que, la misma inercia de industrialización, innovación y competitividad llevara a los Estados que aún tenían comercio conservador a insertarse en la firma de tratados para agilizar y ser partícipes de los beneficios que otorgaba este proceso, es decir, estar libres de pago arancelario.

Como parte de la regulación de esta práctica comercial, se creó el Acuerdo General sobre Aranceles Aduaneros y Comercio (GATT) en 1948. En él se establecieron las reglas aplicables a una gran parte del comercio mundial, y durante un lapso, hubo periodos en los que se registraron algunas de las tasas más altas de crecimiento del comercio internacional.

El éxito del GATT se debió principalmente a la reducción de los aranceles a bajos estándares y a la motivación de gobernantes en la búsqueda por proteger sus sectores vulnerables a la competitividad externa. Llevar a cabo estas acciones fue complicado debido a que se experimentaban una serie de recesiones económicas entre 1970 y 1980, lo que provocó anulación empresarial y desempleo, que impulsó a las grandes potencias a fincar negociaciones bilaterales y subvenciones en el rubro agropecuario con la finalidad de permanecer en los mercados internacionales, situación que produjo recelo en la eficiencia del GATT (Nivlouei & Khass, 2014).

A pesar de estos resultados, el GATT ya no amparaba todas las temáticas que se debatían en la arena internacional, el GATT solo era un sistema de regulación, por lo que requirió ser reestructurado y transformado en una organización con jerarquía mundial, creando la Organización Mundial de Comercio (OMC), establecida en 1995. El nuevo organismo heredó todos los acuerdos consensados ante el GATT, pero ampliado. Se incluyeron todos los sectores, inclusive el de servicios y el de derechos de propiedad intelectual.

Esta políticas comerciales mediante tratados enlazadas con la actividad de las OIG dieron origen a que Europa iniciara un proceso de regionalización, como lo interpreta Balassa, (1961) una integración económica basada en siete fases: preferencial; libre

---

en diversas regiones, se crean las organizaciones regionales y específicas. De esta clasificación surgen la Organización para los Estados Americanos (OEA), Organización para la Unión Asiática (OUAs), la Unión Africana (OUAf) y cada una cuenta con Banco de Desarrollo. Por otra parte, existen organizaciones específicas generales temáticas como la Organización Mundial de Comercio (OMC), Organización Mundial de la Salud (OMS), la Organización para la Cooperación y Desarrollo Económico (OCDE) de estas que se desprenden otras organizaciones de acuerdo a las necesidades. Por otro lado también se tienen las Organizaciones que no son gubernamentales y que son creadas por iniciativas privadas ellas llevan el nombre de Organismos Internacionales No Gubernamentales (OING).

comercio; unión aduanera; mercado; comunidad económica; unión monetaria; política y plena.

Es así como los países deciden integrar y formar entre ellos una organización con el fin de complementarse mutuamente. La integración es el resultado de la acción voluntaria de las partes en reducir sus autonomías, es decir que, por propia voluntad, pasan a depender unos de otros. Evidentemente deben existir condiciones políticas y económicas como la realización de intercambios comerciales. Tomando en cuenta que la existencia de voluntad de los gobiernos por integrarse conlleva a generar integración social, cultural, tecnológica, educativa, es un resultado lógico de la voluntad política y económica (Universidad de la Punta , 2017).

Por lo tanto y de acuerdo a los procesos de integración, respecto al modelo propuesto por Balassa (1961) es la Unión Europea, sin embargo, en otras regiones se adopta el proceso de manera diferente pero con la misma intención de generar competitividad, como se refleja en el cuadro 1.1.

Cuadro 1.1 Integración Regional Mundial

Año	Nombre de la Organización	Países miembros
	América	
1961	Comunidad Andina de Naciones (CAN)	Bolivia, Colombia, Ecuador y Perú
1980	Asociación Latinoamericana de Integración (ALADI)	Argentina, Bolivia, Brasil, Chile, Colombia, Ecuador, México, Paraguay, Perú, Uruguay, Venezuela, Cuba y Panamá
1991	Mercado Común del Sur (MERCOSUR)	Argentina, Brasil, Paraguay, Uruguay y Venezuela
1992	Triángulo del Norte	Guatemala, Honduras y El Salvador
1994	G-3	Grupo de México, Colombia y Venezuela
1994	Tratado de Libre Comercio para América del Norte (TLCAN).	México, Canadá y Estados Unidos de Norteamérica
2007	Unión de Naciones Suramericanas (UNASUR)	Argentina, Bolivia, Brasil, Chile, Colombia, Ecuador, Guyana, Perú, Surinam, Uruguay, Venezuela y Paraguay.
	Región Asiática	
1967	Asociación de Naciones del Sudeste Asiático (ASEAN)	Malasia, Indonesia, Brunei, Vietnam, Camboya, Laos, Birmania, Singapur, Tailandia y Filipinas
1974	Unión Asiática de Compensación (ACU)	Bangladés, Bután, India, Irán, Myanmar, Maldivas, Nepal, Pakistán y Sri Lanka
1985	Cooperación Regional del Sur de Asia (SAARC)	Afganistán Bangladesh, Bután, India, Maldivas, Nepal, Pakistán y Sri Lanka

1989	Cooperación Económica de Asia Pacífico (APEC)	Australia, Brunei, Canadá, Indonesia, Japón, Corea del Sur, Malasia, Nueva Zelanda, Filipinas, Singapur, Tailandia, Estados Unidos, República de China, Hong Kong, México, Papúa Nueva Guinea, Chile, Perú, Rusia y Vietnam.
	Región Africana	
1910	Unión Aduanera de África Austral (SACU)	Botsuana, Lesoto, Namibia, Sudáfrica y Suazilandia
2001	Comunidad de África Oriental (CAO)	Kenia, Uganda, Tanzania, Burundi, Ruanda y Sudán del Sur
1975	Comunidad de Estados del África Occidental (CEDEAO)	Benín, Burkina Faso, Cabo Verde, Costa de Marfil, Gambia, Ghana, Guinea, Guinea-Bissau, Liberia, Malí, Níger, Nigeria, Senegal, Sierra Leona y Togo. En esta región también se integran la Unión Árabe del Magreb en la zona norte, y África Sud-Sahariana (CEN-SAD)
1981	Comunidad Económica de Estados de África Central (CEEAC)	Camerún, Congo, Gabón, Chad y la República Centro Africana
1994	Mercado Común para el África del Sur y el Este (COMESA).	Veinte países miembros (con el recién creado Sudan del Sur) que abarca desde Libia hasta Zimbabue.

Fuente: Elaboración propia con información de http://www.exteriores.gob.es/Portal/es/PoliticaExteriorCooperacion/Iberoamerica/Paginas/ProcesosDeIntegracionRegional.aspx

Las integraciones regionales mencionadas se han gestado mediante diferentes procedimientos ya que cada región contempla diferencias en aplicación de políticas, sociedad, cultura y economía, entre otros, pero que toda acción lleva a la comercialización de productos, recursos financieros y de cooperación.

De acuerdo a Guinart, (2005), las integraciones tienen la condición de que la misma conformación proponga a mayores inversiones de los países miembros o que la inversión sea de fuentes externas. Igualmente señala que el libre comercio genera un ambiente competitivo, pues los bajos costos de insumo por los intercambios motivan al sector empresarial a tener mayor ventaja en los mercados externos.

La gráfica 1.2 muestra los resultados de la acelerada liberalización económica ejercida mediante acuerdos comerciales regionales, cuyos inicios se detectan en los años cincuenta, teniendo un repunte durante los setenta y noventa, lo cual demuestra que los regionalismos se consolidaban mediante el incremento de acuerdos fincados. Asimismo se reflejan las acciones de los acuerdos que han sido notificados en una mayor cantidad mientras que los inactivos se muestran en índices bajos.

De igual forma, en los años noventa, se experimentó el fenómeno de la globalización aunado a una invasión de innovación para la sociedad internacional conectada al mundo.

Grafica 1.2 Negociaciones regionales 1948-2006

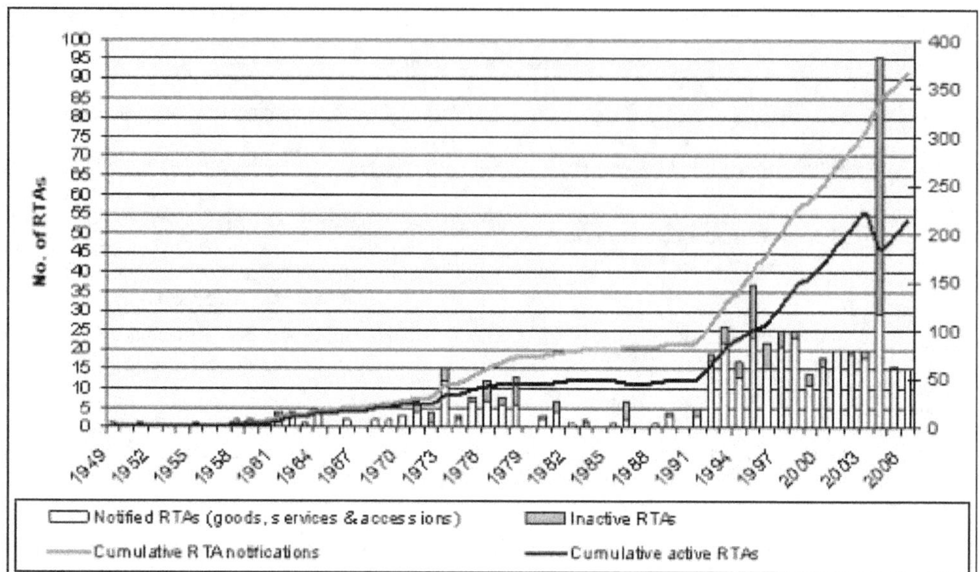

Fuente: (Steinberg, 2007), "El futuro del comercio mundial: ¿Doha o regionalismo y bilateralismo?"

Para Murillo (2004), el aspecto de los procesos de integración es relevante, ya que ofrece beneficios, pero también, un gran desafío para los Estados. Cada grupo tiene que determinar sus políticas integracionistas de acuerdo al giro mundial, tanto en su estructura interna como en temáticas que desee implementar. Por ello, la integración se debe realizar en diversos grados y niveles consensados entre gobiernos y organizaciones, pero también con la población y el sector empresarial para obtener bienestar.

Keohane y Nye (1977) lo interpretan como la "interdependencia compleja", debido a que la CI se encuentra en una dependencia mutua, afectando a la política mundial y al comportamiento de los Estados. Este panorama es evidente en las políticas económicas mundiales como; la tecnología y comunicaciones, las empresas transnacionales y multinacionales, mercados financieros, la sociedad y aspectos medioambientales.

Por lo cual, la interdependencia se visualiza en tres vertientes: a) una debido a los acuerdos internacionales que la sitúa hacia posturas política-económica-social y geográfica; b) otro aspecto va relacionado con los procesos transnacionales ubicados en la cooperación socio-económica y c) el aspecto de liberalización financiera.

Este comportamiento confirma la aguda integración global que para los gobiernos significa tener menos herramientas para hacerle frente a la continua competitividad en los mercados.

De tal forma que, la aceleración económica sellada en acuerdos internacionales, ha proyectado a los Estados a ser extensivos y a reestructurar sus políticas internas con la finalidad de satisfacer sus necesidades aunque ello signifique un mayor grado de dependencia.

Tendencias del Comercio Exterior en el Siglo XXI

La inercia de este comportamiento económico mundial, aunado a los grandes acontecimientos de fin de siglo como la desintegración de la URSS y la reunificación alemana, dieron paso a un Siglo XXI con nuevos retos y temáticas que atender derivado de la interconectividad económica de los países que experimentaban no solamente un comercio de mercancías, sino, además desarrollaron un comercio de servicios vía internet gracias a las innovaciones en tecnologías y las comunicaciones.

La intervención de la OMC ante este panorama fue la creación de la Ronda Doha[5], espacio para que los miembros de la organización debatieran acerca de las problemáticas que enfrentaba el comercio en normatividad y desregulación. La primera ronda de negociaciones, que es denominada Agenda Doha para el desarrollo, se inicia en Qatar. Las principales temáticas debatidas durante 11 reuniones fueron la regulación arancelaria, la problemática agrícola, el petróleo y el paquete Bali que corresponde a la agricultura, facilitación del comercio y aspectos de desarrollo.

Anticipadamente a las reuniones Doha, en 1999 se creó el Grupo de los 20, constituido primero por los ministros de Finanzas y Gobernadores de los Bancos Centrales de cada Estado participante. Los miembros de este grupo son Alemania, Italia, Canadá, Japón, Estados Unidos, Reino Unido, Francia, Rusia (países que integran el G-8), además de Australia, India, China, Indonesia, Corea del Sur, Arabia Saudita, Turquía, Argentina, México, Brasil, Sudáfrica y la Unión Europea (considerada como un país). Su objetivo principal gira alrededor de temas relacionados con el sistema financiero internacional, la estabilidad y el crecimiento económico (OMC 2017).

---

[5] Rondas Doha.- El primer nombre que recibieron fue Agenda Doha sin embargo tomó finalmente la denominación de Ronda Doha, mismas que se han realizado en Qatar 2001 le siguen: 2003 en México, 2004 en Suiza, 2005 en Hong Kong, del 2006 al 2009 en Suiza, 2012 en Qatar, 2013 en Indonesia, 2014 en Qatar, y 2015 en Kenia.

Si bien es cierto, la conformación de organizaciones así como de agrupaciones han dado un soporte de debate para que los Estados puedan generar estrategias para enfrentar tanto los cambios comerciales como las crisis mundiales de producción, recursos naturales y la apertura de nuevos productos.

De acuerdo al Informe de la OMC (2013), la innovación en las tecnologías y comunicaciones permitieron la apertura al comercio de servicios por vía electrónica con bajos costos. Algunos sectores fueron sensiblemente integrados a esta nueva oferta de servicios como: la banca, el comercio minorista e incluso la enseñanza que antes del comercio electrónico no habían sido internacionalizados. Esta circunstancia dio pauta a un despunte en crecimiento del comercio mundial incluso más que la producción mundial.

El comercio fue presentando cambios tanto por las innovaciones, como por las regulaciones comerciales, es decir, la reducción de los obstáculos fueron significativos para elevar el ritmo de la actividad. Los tópicos sensibles en esta reducción fueron principalmente en costos de producción, transporte, arancelarios y no arancelarios, transacciones, despachos aduaneros y trámites administrativos.

Esta motivación del comercio, propiciado por las tecnologías hacia la economía digital, principalmente actividades comerciales realizadas por internet dio orgien a organizaciones dependientes de productos y servicios deslocalizados. Igualmente esta reacción del mercado ofreció oportunidad a mayor participación comercial de los PED. La explicación de este cambio lo especifica la OMC en términos de la actividad realizadas entre Norte-Norte, Norte- Sur y Sur-Sur, tomando en cuenta que los países desarrollados son los del Norte y los países no desarrollados son los del Sur. La reflexión indica que:

...del comercio Norte-Norte no ha dejado de disminuir, desde el 56% en 1990 hasta el 36% en 2011 este descenso coincide con el crecimiento del comercio Sur-Sur, que pasó del 8% al 24% durante ese período. La participación del comercio Norte-Sur se ha mantenido muy estable desde 2000, en torno al 37%, el aumento del comercio Sur-Sur en las exportaciones se explica por varios factores, como los acuerdos comerciales preferenciales (ACPR)6 negociados entre los países en desarrollo que el comercio Norte-Norte ha seguido en el mismo nivel (Ferrando, 2013).

---

[6] ACPR y "Acuerdos Comerciales Regionales" (ACR) de manera más o menos indistinta, porque, tradicionalmente, los ACPR tenían una fuerte orientación regional. Esto lleva a preguntarse si con la proliferación de ACPR el comercio internacional se ha vuelto más o menos regionalizado con el transcurso del tiempo. APPRIS.- Acuerdos de Promoción y Protección Recíproca de Inversiones. Son tratados bilaterales con el objetivo de proteger bajo el DIP las inversiones efectuadas por los inversores de cada Estado firmante en el territorio del otro Estado firmante. Esto permite reducir la incertidumbre

Por lo tanto, esta relación económica, mediante la firma de acuerdos preferenciales -- aunque la aplicación de algunos no se lleve a cabo de forma completa--, ha generado la reducción de obstáculos y el crecimiento del comercio, sobre todo visualizando la relación Sur-Sur. Esta actividad se puede observar en la gráfica 1.3, la cual demuestra la firma de acuerdos en los últimos años.

Gráfica 1.3 Acuerdos Comerciales Regionales acreditados ante la OMC-2017

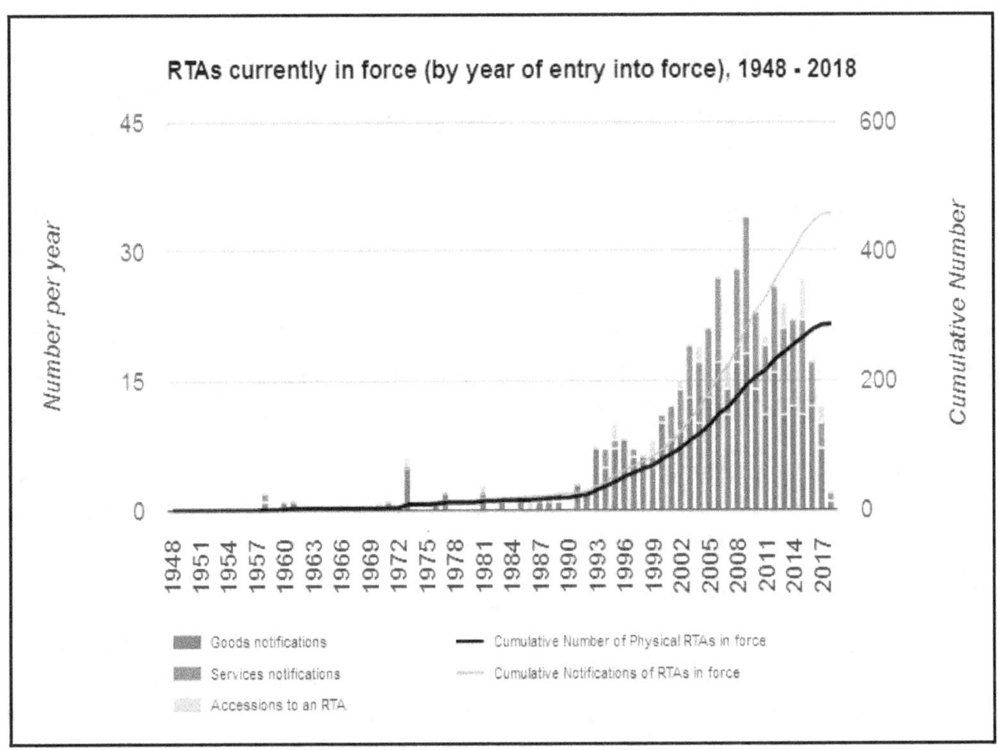

política y jurídica que suele percibirse en la operación de proyectos ejecutados por empresas en el exterior. El periodo de efectividad lo define cada Parte firmante, los APPRIS suelen elaborarse en una serie de cláusulas y medidas competentes en seguridad política y jurídica. Véase trabajo de **Illescas, J. en Los tratados de protección de inversiones y su utilidad para los inversores españoles en Latinoamérica.**

Notificaciones recientes			
Nombre del ACR	**Alcance del acuerdo**	**Fecha de la notificación**	**Fecha de entrada en vigor**
Hong Kong, China - Macao, China	Mercancías y servicios	2017.12.18	2017.10.27
UE – Canadá	Mercancías y servicios	2017.09.19	2017.09.21
Canadá – Ucrania	Mercancías y servicios	2017.09.13	2017.08.01
Chile – Tailandia	Mercancías y servicios	2017.09.12	2015.11.05
AELC – Georgia	Mercancías y servicios	2017.08.29	2017.09.01

Fuente: OMC (2011)

}La explicación que aporta el informe de la OMC (2011) respecto al comportamiento de estos acuerdos, es que a partir del Siglo XXI se han incrementado tanto en cantidad como en competitividad. Entre 1990 y 2010 se observa un incremento de 70 a 300 firmas.

Otro factor importante que nos permite explicar el crecimiento del comercio mundial es la operación del comercio intrasectorial, esto ha facilitado la oportunidad de comercializar entre sectores, actividad que conlleva a la especialización en productos por parte del sector empresarial. Esta opción es posible gracias a la aplicación de nuevas tecnologías y/o factores de producción.

Esta reacción comercial responde a la gran interconexión de los procesos de producción entre varios países debido a su especialización en cualquier fase de producción, a este procedimiento se le ha denominado de distintas formas: cadenas de suministro y valor, redes de producción, acceso vertical, deslocalización y fragmentación del producto. Este proceso también ha sido determinante en la conducta comercial en los últimos 15 años, sobre todo en la participación de las empresas.

Este nuevo cambio de comercialización ha sensibilizado al sector empresarial respecto a que no todos tienen acceso a la internacionalización, debido a sus niveles de productividad y a escalas de producción en el ámbito mundial, esto nos lleva a deducir que no solamente las reducciones arancelarias son la clave para la exportación, sino que los costos fijos de producción tienen acción relevante para que una empresa pueda optar en mercados externos.

El informe de la OMC (2013) señala que las grandes empresas son las que cuentan con mayor exportación a diferentes países, pero también dependen de la inercia en la fragmentación internacional de la producción, esto recae en un análisis profundo en las políticas empresariales respecto a la localización de la producción y su participación en las cadenas de suministro.

Otra perspectiva, que también es una temática del Siglo XXI y que ejerce presión en el comercio mundial, es el aspecto demográfico. Países como la India, Sudáfrica y México tienen el beneficio de los dividendos demográficos, mientras que la experiencia de China refleja una economía avanzada pero con tasas de dependencia elevadas.

La problemática de la demografía conlleva a otro rubro importante para el comercio que es la educación. De acuerdo a la Organización para la Cooperación y el Desarrollo Económicos, por sus siglas OCDE, (2012) el componente primordial para que los países avancen en los retos actuales de la innovación, tecnología y capacitación es el acceso a la educación. En esta correlación, entre más esté educada la población mejor se generará el nivel y el ámbito laboral, por lo tanto, el desarrollo de capital humano es la clave para mayor participación en los mercados, lo cual significa un reto para los países en desarrollo, quienes aún siguen trabajando en la modernización y en estructuras educativas que les permitan especializar la mano de obra, con lo cual puede tener mayor acceso a la competitividad en la interconexión de mercados internacionales.

En los últimos años, la estrategia de competitividad ha generado el surgimiento de grandes agrupaciones con negociaciones apuntando hacia Tratados Macro como el Acuerdo de Asociación Transpacífico de Cooperación Económica (TPP)[7] que ha terminado sus negociaciones y fue firmado en 2016, acuerdo que abarca el 40% de la economía mundial (Pereda, 2015).

En contraparte, la Asociación Transatlántica para el Comercio y la Inversión (TTIP)[8] que abarca el 60% del Producto Interno Bruto (PIB) mundial un tercio del

---

[7] Acuerdo de Asociación Transpacífico de Cooperación Económica (TPP).- Firmado en Octubre del 2016 en Nueva Zelanda, sus Estados miembros son Brunei, Chile, Nueva Zelanda, Singapur, Australia, Canadá, Japón, Malasia, México, Perú y Vietnam. Estos Estados representan una economía del 40% del PIB a nivel mundial. Estados Unidos se retiró del Acuerdo en 2017.

[8] Asociación Trasatlántico para el Comercio y la Inversión (TTIP).- Es un acuerdo entre Estados Unidos y la Unión Europea, aún siguen las negociaciones ya que para la comunidad europea no queda muy específico la relación comercial además de las garantías que ofrece dicho acuerdo. Adicionalmente de que la Gran Bretaña ha dejado a la UE y esto complica la firma del TTIP.

comercio exterior y 800 millones de consumidores (Bolaños, 2015). Este acuerdo aún sigue en negociacioncs debido a que existen aspectos relevantes como la opinión de los comunitarios, el brexit y las políticas comerciales actuales de Estados Unidos, temas que aún no permiten definir los beneficios de dicho acuerdo. Sin embargo, ambos acuerdos TPP y TTIP han surgido como medios para establecer políticas a la desgravación arancelaria, acceso a mercados, competitividad internacional, acciones en rubros laborales, oportunidad para las empresas, movimientos de personas, cuidado medioambiental y otros aspectos relevantes en el flujo del comercio (García, 2016).

Por lo tanto, las expectativas que se tienen para el comercio internacional hacia el 2030 vira hacia el crecimiento regional, las empresas y consumidores, a una actividad mayor por parte de los países emergentes, a la regulación del comercio, transparencia en términos financieros, al cuidado de los recursos naturales.

Por lo tanto, las expectativas que se tienen para el comercio internacional hacia el 2030 vira hacia el crecimiento de la región de China y el Sudeste Asiático, las empresas y consumidores, a una actividad mayor por parte de los países emergentes, a la regulación del comercio, a la transparencia en términos financieros y al cuidado de los recursos naturales.

El medio ambiente y el Capital Intelectual en el ámbito internacional

En el apartado anterior se proporcionó la trayectoria que se ha experimentado en el comercio mundial, si bien es cierto la liberalización económica fue una propuesta principalmente para generar lineamientos de un nuevo orden económico que aportara equilibrio entre Norte-Sur para apoyar a los países en desarrollo a motivar su crecimiento, surgieron nuevas temáticas que la sociedad internacional ha considerado como primordiales dentro de las agendas de los gobiernos.

Esta actividad económica acelerada ocasionó el desequilibrio medioambiental que tuvo sus inicios 20 años después de haber proclamado el libre comercio. La primera reunión ministerial ambientalista se gesta en Estocolmo con la creación del Programa de Naciones Unidas para el Medio Ambiente (PNUMA), en 1972, con el objetivo de coordinar las actividades relacionadas con el medio ambiente, facilitador para que los Estados puedan generar políticas ambientalistas en pro del ser humano. Dentro de este marco, se origina la Declaración de Estocolmo, en 1972, en la que se ciernen las primeras opiniones acerca del medio ambiente humano. Esta Declaración va dirigida a que las calamidades medioambientales se vinculan con la alta producción e innovación, así como a la falta en progreso de los países en desarrollo, por lo que se requiere intervención urgente de los gobiernos para que los pueblos tengan bienestar. (ONU, 1972).

Asimismo, se realizó un trabajo denominado "Nuestro Futuro Común", en 1987, que estuvo desarrollado por un Comité encargado de analizar la situación que se vivía y que era necesario fomentar las bases para un desarrollo sostenible y revertir los problemas mundiales que aquejaban a la sociedad, haciendo hincapié en que la degradación ambiental es consecuencia de la pobreza y de la acelerada industrialización. Este documento acoge la definición de desarrollo sostenible como:

"la satisfacción de «las necesidades de la generación presente sin comprometer la capacidad de las generaciones futuras para satisfacer sus propias necesidades".

Este trabajo dio apertura a una concientización de la CI sobre la búsqueda de nuevas formas de producción y de evitar la contaminación. Asimismo fue dirigido por la primera ministra de Noruega Gro Harlem Brundtland, de acuerdo a su entrega es que se le denominó Informe Brundtland (2006).

Gráfica 1.4 Estadísticas de Emisiones de CO2 1960-1972 BM

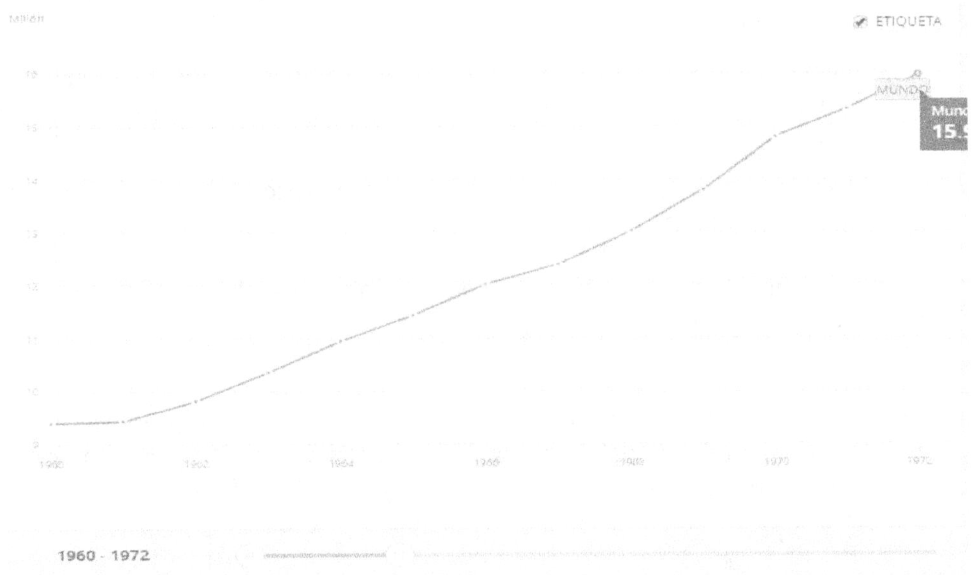

Fuente: Banco Mundial-Estadísticas

El propósito de organizar y formalizar las acciones fue a causa del incremento de las emisiones de CO2 en el mundo, relacionado con la gráfica 1.4, la cual refleja que en 1960 se reportan 9 396 705.835 casi 10 mil millones de toneladas (m/t) de este dióxido, y para el año de 1972 se alcanzan 15 957 192.522, casi 16 mil m/t, lo cual representa un incremento del 58.88 %, esta cifra produjo preocupación para la CI.

Por ello, la motivación de conformar las reuniones multilaterales en una acción tripartita del PNUMA, la Declaración e Informe, quienes fundamentan las primeras acciones ambientalistas que se registran dentro de la formalidad de convenciones multilaterales, las cuales motivaron a que la ONU, diera seguimiento a los trabajos en la construcción de una plataforma que ayudara a los Estados a atender esta nueva problemática. Es así como se logra la reunión ministerial denominada Cumbre de la Tierra, celebrada en Río de Janeiro, Brasil, en 1992, poniendo sobre la mesa tanto la Declaración como el Informe. La Cumbre fortalece el concepto de desarrollo sostenible como medio para generar nuevas prácticas de producción cuidando el aspecto ecológico, así como tener un control sobre los contaminantes que son dañinos para los ecosistemas. Con base en estos lineamientos fundamentales se debe analizar la sostenibilidad mediante tres rubros, el ambiente, la economía y la sociedad (Love, 2010).

Igualmente el informe de la Cumbre (2002) menciona que de acuerdo al desarrollo de los países, se consideran:

responsabilidades comunes pero diferenciadas en vista de que han contribuido en distinta medida a la degradación del medio ambiente mundial, los Estados tienen responsabilidades comunes pero diferenciadas

Esto atribuible a los países en desarrollo y por otra parte los países desarrollados se aplica su: (ONU, 2002).

especial función de liderazgo basada en su desarrollo industrial, su experiencia en la aplicación de políticas y medidas de protección ambiental, su riqueza y su experiencia y capacidad técnicas

Para la ONU, salvaguardar el medio ambiente es un tema prioritario dentro de su Agenda 21 o Programa 21 elaborado en 1989 y aprobado en 1992 en el marco del Cumbre de la Tierra, con la intención de atender las problemáticas que enfrentaba de cara al Siglo XXI, como las políticas internacionales para:

agilizar el desarrollo de los países en desarrollo, la lucha contra la pobreza, modificar los hábitos de consumo, demografía y sostenibilidad, salubridad, transición energética, deforestación, recursos naturales entre otros

Sin embargo, los trabajos solo planteaban las bases para despegar hacia una fuerte infraestructura institucional que produjera espacios para que tanto las organizaciones como los Estados pudieran seguir analizando las políticas ambientalistas con la finalidad de preservar los ecosistemas fijándose decisiones respecto al cambio climático. Por tanto, las iniciativas de la ONU quedan plasmadas en instancias que generen, vigilen y ejerzan la aplicación de las políticas ambientales, quedando el organigrama como se especifica en la figura 1.1.

Figura 1.1 Organigrama de las instancias creadas por la ONU para el medio ambiente

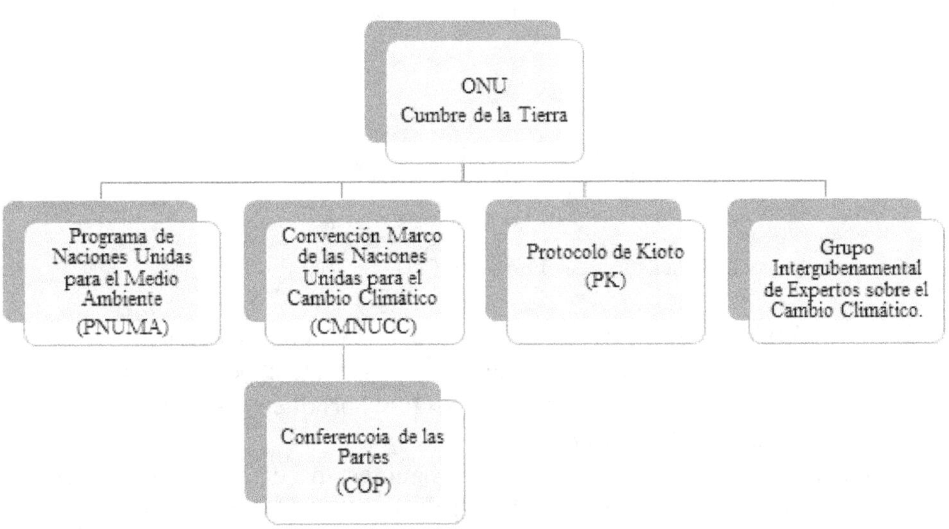

Fuente: Elaboración propia

La acelerada acción para mitigar y/o controlar las emisiones de CO2, se da por las cifras reportadas por el BM, de una cantidad de casi 16 mil m/t en los años setenta, se incrementó en 72.04% para el año 1990, ya que se alcanzaron los 22 mil m/t de acuerdo a la gráfica 1.5, por lo que comparando con los años sesenta la acumulación fue más del doble.

Gráfica 1.5 Estadísticas de Emisiones de CO2 1960-1990 BM

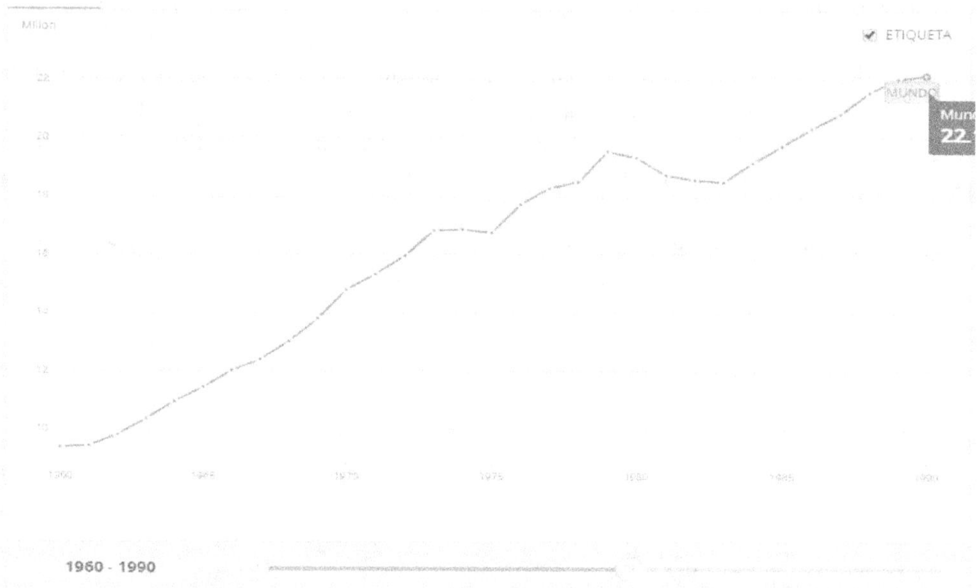

Fuente: Banco Mundial –Estadísticas de –Emisiones CO2

Fiejó y De-Azevedo (2006) señalan que la comercialización es la actividad relevante para el calentamiento global en dos aspectos: por el transporte de las mercancías y por la contaminación en los sectores productivos, todo ello provoca el incremento de las emisiones CO2.

De igual forma Santos y Santos (2011) manifiestan que la relación del comercio internacional es la causa principal de los daños al medio ambiente, derivado del transporte y de la constante demanda de los recursos naturales.

El panorama mundial que deriva de la aceleración económica se refleja en el incremento de las emisiones CO2, la contaminación y la destrucción de los recursos, acciones producidas por la contaminación excesiva.

En este contexto de impacto ambiental, el apoyo surgido de las organizaciones en congresos ministeriales es relevante para la toma de decisiones y aplicación de alternativas. En tales sesiones igualmente se debate entre aciertos y controversias del impacto de la apertura de mercados, industrialización y la comercialización exhaustiva de productos, aspectos que han contribuido al desastre y fenómenos climáticos.

Por lo tanto, el CMNUCC, firmado en 1992 --que entró en vigor en 1994--, ofrece una estructura con el propósito de reforzar la concientización de la sociedad internacional y los gobiernos, en la búsqueda de estrategias relacionadas con el cambio climático. De esta forma, el Protocolo de Montreal, creado en 1987, contempla el cuidado de la capa de ozono, analizando los consumos de sustancias que le producen daño. Igualmente se crea el PK[9], en 1997, con la finalidad de crear la norma y mecanismos para reducir los gases de efecto invernadero. El PK es el vehículo para aplicar todas las medidas y acuerdos firmados de manera multilateral, por lo que genera los mecanismos y aplica la norma para los Estados sobre responsabilidades afines y diferentes derivadas de su especificidad.

Para llevar a cabo esta disposición, el PK induce a la clasificación de los Estados, en el Anexo I se encuentran los países desarrollados y en el Anexo II a los Estados miembros de la OCDE quienes, a su vez, apoyarán a los países en transición y en desarrollo. También existe la lista de los no anexados que corresponde a los países no desarrollados, así como un apartado para los países menos desarrollados que se les da un trato especial derivado de su baja capacidad para adaptarse a los efectos del cambio climático.

Para ejercer la misión encomendada de reducir los Gases de Efecto Invernadero (GEI), el PK crea dos mecanismos importantes principalmente para los países desarrollados: el Mecanismo de Desarrollo Limpio (MDL), aplicable mediante el proyecto de Forestación/Reforestación y el proyecto de generación de fuentes de energía renovables, y el mecanismo del mercado voluntario de carbono, que se efectúa mediante los Certificados de Reducción de Emisiones (CER), el cual ha representado mayor demanda, cabe señalar que este proyecto ha servido para financiar los proyectos de reforestación. (UICN, 2018).

---

[9] Protocolo de Kioto.- El PK, en su Art. 2 punto 1 refiere su misión, que es la de promover el desarrollo sostenible a través de metas contenidas en el Anexo I el cual contempla los gases de efecto invernadero, sectores y categorías de fuentes de energía, procesos industriales, utilización de disolventes en agricultura y desechos. Igualmente incluye un Anexo B el cual indica, por un lado los países que deberán ajustarse al anexo I y el compromiso de porcentaje de reducción de emisiones, que toma como periodo base el año 1990. Por otro lado, en su Art. 10 indica que los países deberán elaborar programas tanto nacionales como regionales que generen medidas para mitigar el cambio climático en los sectores de energía, transporte, agricultura, silvicultura y los deshechos. En estos proyectos, los países industrializados se encargarán de apoyar a los menos desarrollados, facilitando los recursos tanto financieros como tecnológicos.

Asimismo, el PK ha estipulado otra medida importante para los países desarrollados respecto a las emisiones de CO2 de los GEI que no se excedan de las cantidades estipuladas con la finalidad de reducir las emisiones de gases del 5% a lo reportando en 1990. Toda esta plataforma se dispone para combatir el crecimiento acelerado de emisiones CO2 con los que se enfrenta la entrada del Siglo XXI.

Gráfica 1.6 Emisiones de CO2 Mundiales de 1960-2000

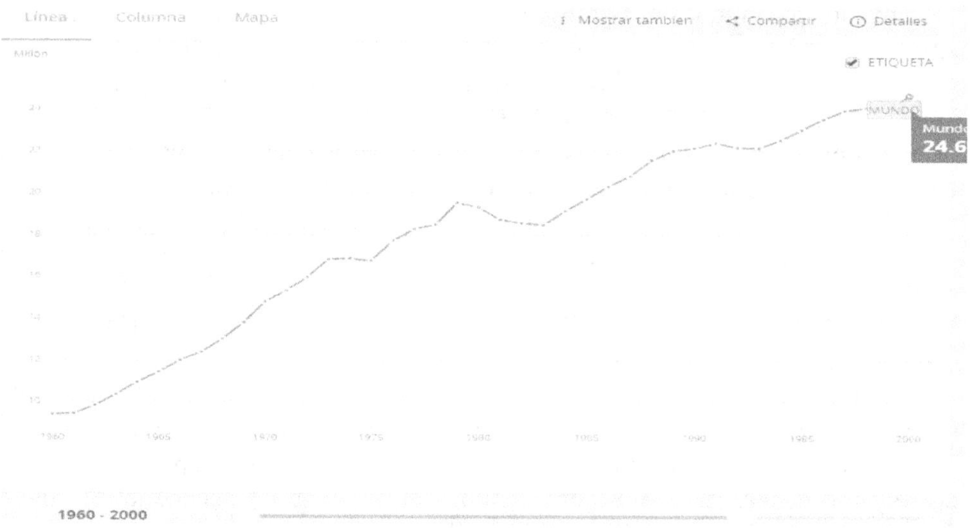

Fuente: Banco Mundial – Estadísticas.

Las emisiones de CO2 que reporta el BM al año 2000, de acuerdo a la gráfica 1.6, son de 24 689.911 mil m/t, considerando la cifra del año 1990, se observa un incremento de 2 540 509 mil m/t, lo cual demuestra que las acciones que se han considerado en los Estados no han sido las óptimas para frenar la contaminación.

Adicionalmente al PK, la CMNUCC ofrece otra estructura, mediante su órgano supremo, denominado (COP)[10] que tiene la función de convocar a los Estados para reunirse a revisar, actualizar, reestructurar y dictaminar regulaciones, con el

---

[10] Conferencia de las Partes.- Reuniones ministeriales que surgen a partir de 1995 en Berlín, Alemania, le sigue Ginebra 1996, Kioto 1997, Buenos Aires 1998, Bonn 1999, La Haya 2000, Marrackech 2001, Nueva Delhi 2002, Milán 2003, B. Aires 2004, Montreal 2005, Nairobi 2006, Bali 2007, Poznan 2008, Copenhague 2009, Cancún 2010, Durban 2011, Doha 2012, Varsovia 2013, Perú 2014, París 2015, Marrackech 2016, París 2017.

propósito de verificar los acuerdos firmados de manera multilateral. Se han llevado a cabo 23 reuniones en el lapso de 1995 a 2017, en todas estas ellas se han revisado las medidas adoptadas por los Estados y sus avances.

A dichas revisiones se ha dado la apertura a la instancia del IPCC creado en 1988, el cual es el encargado de hacer evaluaciones integrales a los Estados, con la finalidad de verificar si los compromisos que los Estados han efectuado en las reuniones de las COP, han sido acatados en cuanto a los porcientos de cada acción, de igual forma tiene la facultad de girar recomendaciones para seguir adelante con el propósito de vigilar las contribuciones de CO2.

La reunión del IPCC (2016) ha elaborado 6 Informes de Evaluación sobre el cambio climático, considerados como documentos técnicos científicos que se elaboran para enviarlos a los responsables de políticas medioambientales. Los informes que se han elaborado corresponden a: 1990, 1992, 1995, 2001, 2007 y 2013-2014, el IPCC informó que el sexto informe será entregado a finales de 2022, para ese entonces los Estados podrán observar los avances que obtenidos, con la finalidad de mantener el calentamiento global por debajo de 2°C, dando seguimiento a las estrategias para lograr limitar el aumento a la temperatura de 1,5 °C. (IPCC, 2016).

Los principales datos que arrojan los Informes de Evaluación trabajados por la IPCC, aportan proyecciones para 2100. Para esta época, si se observa incremento en el indicador medio anual de la tierra sería de 1 a 3.5 °C, lo cual implicaría elevación del nivel del mar entre 15 y 95 cm., así como diversos perjuicios en tiempo y espacio, esa proyección conduce a determinar un fenómeno de calentamiento no experimental en los últimos 10 000 años (IPCC, 1997).

Arto, *et al.* (2012) señalan que:

la comparación de emisiones según la responsabilidad "del consumidor" o del "productor" y la balanza de emisiones es una cuestión muy importante para la política ambiental -y para los debates sobre la justicia ambiental- que justifica el creciente interés por su estudio y cuantificación

Igualmente Sarukhán, *et al.* (2012) indican que:

afrontar los desafíos de la conservación y el manejo sustentable del capital natural exige tener conocimiento científico confiable y de calidad acerca del mismo

Por su parte, el estudio de González (2008), comenta que la CI ha generado una serie de regulaciones ambientales, pero la implementación de las mismas es lenta para aplicarlas en los mecanismos de mercado dentro de la política ambiental.

Fernández-Bolaños (2002) señala que la aceleración económica, la globalización y la protección del medio ambiente cobra mayor relevancia a pesar de que conocer que la globalización es cada vez más dañina para el medio ambiente.

Gráfica 1.7 Emisiones de CO2 Mundiales de 1960 al 2014

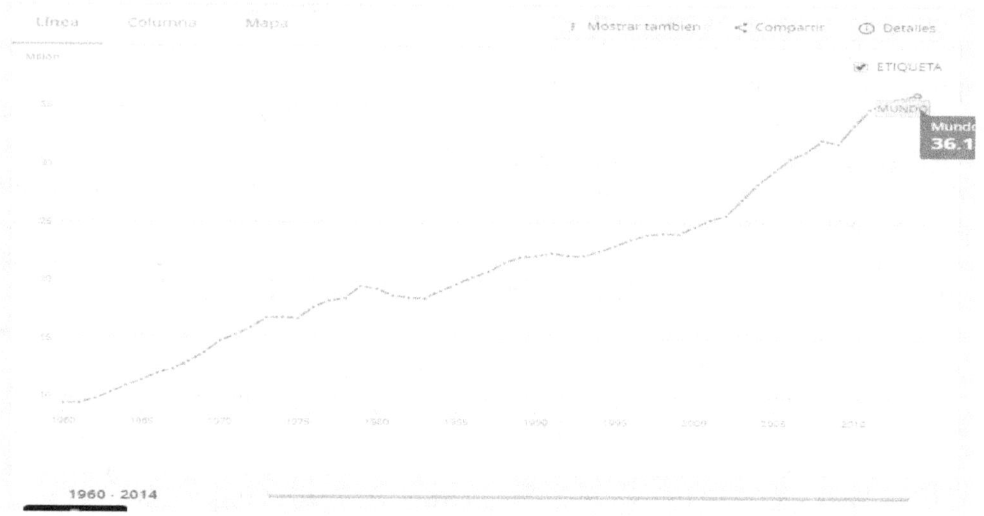

Fuente: Banco Mundial – Estadísticas

La problemática mostrada en las estadísticas anuales del 2000 al 2014 de acuerdo a la gráfica 1.7 es el incremento en las emisiones de CO2, en 11 448 374 mil m/t, se refleja el trabajo que aún se enfrenta, quedando mucho por debatir en el seno de las conferencias multilaterales.

Es un hecho que los trabajos de las COP han generado algunas medidas y /o estrategias para menguar el daño medioambiental. La sesión Durbán 2011, se mostraron resultados sobre la equidad de responsabilidades comunes, pero diferenciadas respecto a las capacidades de cada Estado. En esta conferencia se hicieron patentes las posibilidades de los países desarrollados contra las posibilidades de los menos desarrollados. Adquiriendo mayor responsabilidad los desarrollados derivado de la alta industrialización que generan y en consecuencia emisiones de CO2, mientras que los menos desarrollados requieren de recursos financieros, tecnologías y capacitación técnica para lograr *acciones mejoradas*.[11]

[11] Conferencia Durban 2011

La Conferencia de Doha en 2012 tuvo resultados positivos al presentar la ONU una nueva instancia para otorgar recursos tecnológicos, siendo el Centro y Red de la Tecnología del Clima (CRTC), quien se encargará de motivar la cooperación y transferencia de tecnología, con la finalidad de que los Estados tengan la capacidad de recuperación ante los embates del cambio climático. Este centro está constituido tanto por instituciones como organizaciones gubernamentales y no gubernamentales en un ámbito nacional, regional e internacional.[12]

En la Conferencia de Varsovia en 2013 fueron analizados los acuerdos respecto al financiamiento, principalmente para los países en desarrollo durante el período 2014-2020, sin embargo, señalaron que un alto porcentaje del recurso era para mitigación y muy poco para adaptación, siendo que este último es de mayor prioridad para sus sociedades, por lo que solicitaron recursos para enfrentar las inclemencias acaecidas por el clima.[13]

Derivado del requerimiento en recurso financiero por los países no desarrollados, además de poner en marcha el CRTC para dirigir de inmediato asesoramiento y asistencia técnica, también se transfiere el apoyo del Fondo Verde[14]. Es parte fundamental para los países en desarrollo la innovación y capacitación técnica [15], puesto que se observa decadencia en: legislación, infraestructura, ejercicio laboral, finanzas, conocimiento adecuado, costos, equipo así como propiedad intelectual (Khor, 2011).

Por otra parte, la Conferencia de Perú (2014) dio como resultado que el Fondo Verde supera los USD 10,200 millones, de igual forma se expusieron 9 decisiones: 1) sobre finanzas climáticas, 2) se incorporó el concepto de adaptación para los países más vulnerables, 3) los países deben de incorporar compromisos de manera individual, 4) hubo reconocimiento para el método de pérdidas y daños para los países más vulnerables al efecto invernadero, 5) se estableció un mecanismo de evaluación para que cada país determine su posición en reducción de emisiones CO2 antes de 2020, 6) se refuerza el principio de responsabilidades comunes pero diferenciadas, 7) se incorporó el rol de la mujer, 8) salud y la reducción de emisiones

---

[12] CMNUCC-PNUMA.- Creación del CRTC para facilitar los recursos tecnológicos a países no desarrollados.

[13] South Center.- Financiar la respuesta mundial al cambio climático; sugerencias para un fondo especial para el cambio climático pp 1-27

[14] ONU - Nota de Prensa : Análisis Doha Varsovia

[15] La transferencia de tecnología y propiedad intelectual para países en desarrollo puede atravesar tres etapas: la etapa inicial de importación, segunda etapa de internalización, en la que las empresas nacionales aprenden mediante imitación en un marco legislativo flexible sobre derechos de propiedad intelectual; y una tercera etapa de generación.

de gases de efecto invernadero causadas por la deforestación y degradación de los bosques, 9) la conservación e incremento de las capturas de CO2. (REDD+) (ONU - Conferencia de Perú).

La Conferencia de París en (2015), quizá ha sido la que consolidó la voluntad de todos los Estados, por generar las estrategias en la mitigación y/o adaptación para el cambio climático. Esta conferencia iniciaba con gran ánimo para debatir sobre la problemática climática, sin embargo este año arroja un indicador de emisiones de CO2 al 2015 mundiales de 39,74 m/t, con los cuales la sociedad internacional fija sus comentarios acerca de que las medidas no bastan para frenar el deterioro.

La Organización Meteorológica Mundial (OMM) (2016) señala que:

entre 1990 y 2015 el forzamiento radiactivo –que provoca un efecto de calentamiento del clima– experimentó un incremento del 37% a causa de los gases de efecto invernadero de larga duración, tales como el dióxido de carbono (CO_2), el metano (CH_4) y el óxido nitroso (N_2O), resultantes de las actividades industriales, agrícolas y domésticas.

Asimismo, publica las declaraciones hechas por el Secretario General de la OMM, Petteri Taals quien dijo:

...el año 2015 inauguró una nueva era de optimismo y de acción por el clima con el acuerdo sobre el cambio climático alcanzado en París. Pero también hará historia por haber marcado una nueva era climática, en la que las concentraciones de gases de efecto invernadero han alcanzado niveles sin precedentes, el episodio de El Niño se ha terminado. El cambio climático no." (OMM, 2016)

La Conferencia Multilateral de París alcanzó compromisos de casi todos los Estados respecto a mantener la temperatura media mundial por debajo de 2 grados centígrados. Los países firmantes entregaron sus compromisos de reducción para iniciar en 2020; revisarán cada 5 años su alza/disminución de emisiones. También se acordó un mecanismo de revisión de avances, limitar emisiones entre países desarrollados/países en desarrollo, cero emisiones netas. Además, los países desarrollados deben financiar los recursos para la adaptación y mitigación, así como la ratificación de un Mecanismo de Pérdidas.

En 2015, la atmósfera media mundial de CO2 alcanzó una cantidad significativa de 400 partes por millón disparándose en 2016, ante este hecho, el secretario general de la WMO, Taalas (2016), mencionó que:

El verdadero problema aquí es el dióxido de carbono, que permanece en la atmósfera durante miles de años y en el océano aún mucho más. Si no nos ocupamos de las emisiones de CO_2, no podemos hacer frente al cambio climático ni limitar el aumento de la temperatura a 2°C con respecto al nivel preindustrial. Así pues, es de suma importancia que el Acuerdo de París entre en vigor el 4 de noviembre, mucho antes de la fecha prevista, y que aceleremos su aplicación

Este planteamiento anima a analizar las medidas en que las organizaciones y Estados contemplan medidas dispuestas a conservar los ecosistemas. Los resultados de la alteración climática se correlaciona con las humedades, el cambio de temperatura y las precipitaciones, amenazando en gran medida el abastecimiento de agua dulce y a la diversidad biológica, ya que, el calentamiento global ha llevado a migraciones de especies animales y vegetales a la alteración en sus fases de reproducción. Esta situación demanda resoluciones prontas en el ámbito internacional en función del deterioro del planeta. El total de CO2 acumulativo implica retos en la procuración de mitigación.

Por lo tanto, y de acuerdo a este precedente, el Acuerdo de París fue abierto para para firma desde abril de 2016 y permaneció así durante un año para dar lugar a que todos los países cumplieran regulaciones internacionales. En 2016, la ONU señalaba que "cuando un país deposite el documento debidamente ratificado, aceptado, aprobado o adherido, podrá concretarse entonces que ese país ha aceptado el Acuerdo de París". (ONU, 2016).

El acuerdo entró en vigor el 4 de noviembre de 2016 con la firma de 195 países, conforme a las estipulaciones del mismo: el acuerdo"tendrá vigor una vez que hayan firmado al menos el 55% de las partes miembros de la Convención" (ONU, 2018).

Sin embargo, a pesar de los trabajos efectuados con anterioridad, no todos los países estuvieron de acuerdo con los lineamientos de las negociaciones. Siria y Nicaragua no firmaron. Este último expresó que el acuerdo era demasiado ligero para los compromisos imputados a los países desarrollados, declarando que su país solo contribuye con el 4,8 m/t al año, lo que equivale al 0,3% a nivel global así como los 100 países más pobres del mundo contribuyen con el 3% a nivel global de las emisiones CO2. (British Broadcasting Corporation, 2017).

Por su parte, Estados Unidos, que en un principio había dado su aprobación con Barack Obama, se salió del acuerdo a partir de junio de 2017. El cambio de gobierno fue determinante. El nuevo presidente de esa nación, Donald Trump se ha pronunciado escéptico al cambio climático.

De acuerdo con la revista *Expansión* (2014):, la problemática del incremento de emisiones CO2 se reduciría si los 10 países (China, EU, India, Rusia, Japón, Alemania, Corea del Sur, Irán, Canadá y Arabia Saudita) mayormente contaminantes, tomaran en serio la reducción ya que solamente ellos generan 72% de los gases invernaderos.

Independientemente de la reducción de emisiones de CO2 se tiene que observar otros factores que influyen en la generación de dióxido como: la demografía y los desechos tanto industriales como los humanos.

Otros aspectos importantes que hay que considerar, además del argumento anterior, son la demografía y la educación, elementos fundamentales para disminuir la contaminación. En tal caso, la población mundial ha experimentado incrementos considerables, como se puede verificar en la gráfica 1.8. La población en 1990 era de 5 283 057 867 millones de habitantes m/habs., mientras que para 2015 la población se registraba en 7 346 633 987 m/habs.

Gráfica 1.8 Población Mundial 1990-2015

Fuente: Elaboración propia con datos del Banco Mundial

Esto implica que, a mayor población, aumenta el consumo de productos manufacturados; incrementa la basura, crecen los desechos industriales y de hogares y es mayor el consumo de energía, de agua y de recursos naturales.

Estos factores tienen que ser atendidos por los países, principalmente por los menos desarrollados, carentes de tecnologías y recursos financieros que les permitan modernizarse para hacer frente a los embates del cambio climático.

Finalmente, la ONU ha declarado que la puesta en marcha del Acuerdo de París se efectuará a partir del 2020, debido a que los países tienen que evaluar su postura de disminución de emisiones CO2 en 2018, además se tendrá que analizar y aumentar los recursos financieros para los países en menos desarrollo para que todos puedan acceder a las medidas de control de emisiones.

Conclusiones

Las políticas comerciales que se estipularon en los Siglos XIX, XX y XXI han enfrentado aspectos positivos y negativos derivados debido a diferentes acontecimientos políticos, sociales, e incluso de guerra. Sin embargo, se ha mantenido una constante de intercambio de bienes, los cuales varían de acuerdo a cada época y han tenido su auge. En el Siglo XIX destacaron las materias primas, las manufacturas y el desarrollo de los transportes. El siglo XX se distinguió por una aceleración económica fundamentada en el libre comercio, lo cual llevó a firmar acuerdos comerciales regionales relevantes, de tal forma que se consolidaron regionalismos que dieron origen a otra globalización.

Durante el Siglo XXI, la innovación, las tecnologías y las telecomunicaciones ofrecieron al comercio nuevos métodos de hacer negocios, así como nuevos productos derivados de la obsolescencia de algunos en regulación.

A pesar del camino sinuoso de la práctica comercial, siempre ha existido la necesidad de hacer negocios en la CI, es decir entre países desarrollados y los no desarrollados. Este auge comercial ha dado oportunidad a que los países en desarrollo se modernicen por las propias necesidades que exigen las nuevas formas de intercambio, justo a tiempo o con bajos costos o tan rápido como el cliente lo requiera.

Actualmente la sociedad se maneja por el consumismo por lo que es una oportunidad para que las grandes empresas sean competitivas en los mercados, animando al sector empresarial pequeño y micro a insertarse en la actividad mediante el uso de las cadenas de suministro.

Este análisis confirma las bases teóricas de Adam Smith y David Ricardo porque a través de los movimientos comerciales se han manipulado mercados absolutos y de la ventaja comparativa que entre tanta controversia de las economías se encadenan a una interdependencia compleja.

En este apartado se ha abordado la temática del deterioro medioambiental que aqueja al plantea. Es de considerarse que la industrialización y la comercialización de las economías han tenido gran significado en el proceso del cambio climático. El objetivo de la ONU ha sido proporcionar la infraestructura organizacional para proveer a los Estados una plataforma con la que puedan debatir las estrategias en la baja de emisiones CO2. En este caso, tanto el PK con sus mecanismos de GEI, MDL y CER como el IPCC con sus informes de evaluación, proporcionan a los Estados las medidas que pueden ser adoptadas para minimizar el efecto invernadero.

Asimismo, las reuniones ministeriales COP han llegado a generar acuerdos, compromisos y voluntades para adoptar y aplicar en su normatividad interna las medidas que los lleven a la baja de emisiones CO2.

Sin embargo, a pesar de toda esta plataforma institucional, los reportes que aporta el BM respecto a los niveles de dióxido de carbono, no son los esperados ya que siguen incrementándose. Esto debido a que existe una disparidad de emisiones derivada de las condiciones de cada Estado, es decir, los países desarrollados son los que generan mayor cantidad de CO2 mientras que los menos desarrollados son los menos contaminantes.

Otro factor importante es que los países menos desarrollados no cuentan con los recursos financieros, tecnológicos ni de capacitación para aplicar las medidas acordadas en las COP, por tanto, es complicado lograr los niveles que se exigen los organismos rectores.

Es urgente contemplar el incremento de la demografía, sobre todo porque los países menos desarrollados tienen menos capacidad de subsanar o de contar con tecnologías para el manejo de desechos tanto industriales como de hogar, es relevante también para estos países crear tecnologías e innovación, de otra forma no podrán modernizarse. El primer paso es elevar los niveles de educación para lograr capital humano capacitado.

Finalmente, la voluntad de los pueblos se ha manifestado con el Acuerdo de París, sin embargo habrá que seguir con las gestiones y las negociaciones aunque no todos los países estén dentro del mismo. Si bien es cierto que Estados Unidos es una potencia económica relevante también lo es en contaminación. La CI tendrá que decidir los lineamientos a seguir sin los países no firmantes. Al fin y al cabo se trata de salvar al planeta.

Capítulo II. México ante el mundo en Comercio y Medio Ambiente

Introducción

El proceso de liberalización económica fue un lineamiento de orden mundial de mitad de Siglo XX en el que todos los Estados fueron participantes. El vínculo se aprecia desde el enfoque de Derecho Internacional (DI) debido a que todos los Estados y organismos internacionales son sujetos del mismo por lo que, la normatividad para políticas económicas y políticas sociales en el mundo, tiene que ser ajustada a políticas internas de cada Estado.

A pesar de que México operaba políticas internas comerciales muy conservadoras en sus primeros periodos de comercialización, la inercia internacional de regionalismos y globalización lo llevó a un cambio de directrices comerciales, de tal forma que en la década de los noventa inició un proceso relevante con la firma de acuerdos comerciales.

La misma inercia de fincar tales acuerdos lo ha llevado a elaborar un plan de trabajo hacia la industrialización y la competitividad externa, sin embargo, entre las problemáticas que aún sigue mostrando el país están la desigualdad, el desempleo y la pobreza. Sin embargo, hay un factor relevante que sitúa al país como enclave para fomentar la competencia comercial, este rubro es la población. México cuenta con una población considerable para ser dictaminado como economía emergente, por lo tanto, esta posición conlleva a replantear el plan de trabajo del gobierno mexicano.

Con base en las condiciones que México ha mostrado ante esta situación, es importante describir las acciones que se han considerado pertinentes para incluirse en la dinámica del comercio internacional.

El apartado anterior ha dado una semblanza del ingreso intempestivo de México al libre comercio. El país ingresó al GATT en 1986 e inició una serie de firmas de tratados a partir de 1994. Tomando en cuenta que para la década de los noventa, los regionalismos ya estaban concretados en varias regiones así como que la aceleración económica estaba en un repunte relevante.

México prácticamente entró al Siglo XXI con una serie de negociaciones que le hacían partícipes en varios mercados, particularmente en dos aspectos importantes; inversión y ubicación geográfica. Esta vertiginosa relación comercial de México, lo ha incluido en una regionalización y globalización sin precedentes pero que ha sido indispensable en su crecimiento y desarrollo.

Adicionalmente a la inclusión de México en los mercados internacionales, el país ha tenido que adoptar la norma imperativa internacional del cuidado medioambiental considerando que es un integrante más en el planeta y que sus niveles de contaminación contribuyen a nivel mundial, por lo mismo es un contribuyente que debe de acatar los lineamientos internacionales.

Igualmente es un país que enfrenta el fenómeno climatológico de manera severa por su ubicación geográfica y por ser un país con una biodiversidad relevante para el planeta. Por lo mismo, ha tenido que acatar la normativa implementando una serie de reformas estructurales y procesos en sus políticas internas para dar cumplimiento a los ordenamientos internacionales a pesar de que es un país en desarrollo con diversas problemáticas en modernización, falta de tecnologías e innovación.

En este apartado se analiza la inserción de México en este proceso de reestructuración climatológica.

La participación de México en el Libre Comercio

México se considera un país joven de acuerdo a su postura dentro de la CI, ya que se consume el proceso de independencia en 1821, acto que lo determina como un Estado con territorio, de una superficie geográfica de 1 972 550 km, colindando con EUA con una frontera de 3,152 km. igualmente frontera con Guatemala de 956 km. y Belice con 193 km. Los litorales con el Océano Pacifico tienen una extensión de 7,828 km. y el litoral del Golfo de México y el Caribe 3,294 km (INEGI, 2009).

En el Siglo XIX México mostraba una estructura económica y social de bajo nivel en el desarrollo de las fuerzas productivas, resultado de una nación que deja el colonialismo por lo que su status y costumbres van relacionadas a condiciones laborales y sociales basadas en la esclavitud y la servidumbre (Pérez-Sánchez, 2006). Las relaciones diplomáticas que tiene México en este momento inicial se limitan a EUA y en lo que a Europa se refiere, el proceso de independencia generó un conflicto no sólo con España, sino igualmente con Francia, debido a los adeudos que reclamaba Napoleón III. Este enfrentamiento franco-mexicano llevó la las batallas de Puebla y la efímera conquista francesa del territorio mexicano (Knight, 1985).

Debido a los apoyos que se recibieron por el extranjero, México a finales del Siglo XIX se inicia en los procesos de los Tratados Comerciales en Europa con Suecia, Noruega, Gran Bretaña y Francia, del Continente Americano principalmente con EUA.

México inicia el Siglo XX con un presidente conservador, militar de estudios seminaristas y con una ideología prácticamente de dictadura ya que estuvo en el poder por más de 34 años, se trata de Porfirio Díaz (1876-1911) por esta ideología liberal y positivista Porfirio Díaz simpatizó con las corrientes europeas.

El período del Porfiriato condujo a México a un ambiente de paz involucrando a la población en la cultura como literatura, música artes plásticas y las ciencias, como resultado de ello, nacen los primeros institutos, bibliotecas y asociaciones en el país (Alvear, 2004).

Derivado de sus inicios en la CI así como de los acontecimientos que se vivían en el mundo en el Siglo XX, como la inercia de la Revolución Industrial y los primeros momentos de guerra, se requería de un México participativo en el comercio, por lo que se vuelve receptor de Inversión Extranjera Directa (IED), ya que las potencias mundiales de la época, necesitaban la riqueza natural de México para su abastecimiento en materias primas. De estos eventos, México da un giro hacia reforzar la industria y la agricultura, iniciándose en los procesos de exportación. Igualmente la inversión le otorga la oportunidad de descubrir sus yacimientos petrolíferos, que con una vasta productividad logra obtener 10 mil barriles diarios aspecto que se traduce en la generación de refinerías. Este desarrollo petrolero invita a los europeos a incrementar la inversión extranjera y surge la industria de transformación en textil, calzado y la primera siderurgia (INEGI, 2009).

Sin embargo la vida de México daría un cambio, derivado de la influencia de otros países en guerra, que contagia en diversas ideologías a los pensadores mexicanos y se suscita la Revolución Mexicana en 1910 una nueva Constitución de 1917 en la cual se estampan lineamientos hacia la nacionalización de los recursos naturales como petróleo, minerales y otros productos, correspondientes a materia prima. Por lo tanto, el comercio exterior de México se ventila hacia la importación de productos manufacturados y exportaciones de materias primas que corresponden a minerales, vegetales y animales.

En 1938 México ocupa el 4to lugar en Latinoamérica con exportaciones valoradas en 185 millones de dólares, representado el 10% en América Latina (AL) e importaciones de 109 millones de dólares representando el 7%. Con éstos indicadores, la época se determina por excedentes en las exportaciones, esto se debe al buen manejo y control de las importaciones, pero también a la necesidad de los mercados externos en productos de la industria, agricultura y a la plata exportada para los EUA (Véliz, 1954).

Por lo anterior se distingue que, en los años cuarenta México es altamente exportador pero solo de materias primas y metales preciosos, en realidad no existían otros sectores desarrollados en el país. Para las décadas de 1940-1970 México plantea su desarrollo del comercio exterior, mediante la operación del programa de sustitución de importaciones y una economía de transición respecto a devaluación, estabilización de gasto y liberación de comercio. Igualmente se plantea bajo una economía de enclave, característica principal de los países en desarrollo y como punto de partida hacia la comercialización internacional.

Este planteamiento enfrenta condiciones especiales, ya que la industria en México estaba debilitada como para competir con el exterior, ya que la acumulación de recursos financieros correspondían a capitales extranjeros, es así como este periodo solo está involucrado en un crecimiento hacia adentro para impulsar a la industria. Respecto a las exportaciones sólo se contempló la promoción de las mismas solo para impulsar a materias primas y en niveles de una exportación conservadora.

De acuerdo al Banco Nacional de Comercio Exterior (Bancomext, 1966) señala que el comercio exterior de México en la década de los setentas, estuvo integrado por el sector agropecuario, principalmente por el maíz, algodón, trigo, melón, sandía, jitomate, café, pesca y metales preciosos, como se detalla en la gráfica 2.1.

Gráfica 2.1 Exportaciones de México década de los setenta

ORIGEN SECTORIAL DE LAS EXPORTACIONES

(Millones de dólares y porcentajes)

	1963		1964		1965 (a)		1964/63	1965/64
	Valor	Participación relativa	Valor	Participación relativa	Valor	Participación relativa	Aumento relativo	
TOTAL	935.9	100.0	1 022.4	100.0	1 110.7	100.0	9.2	8.6
Agricultura y ganadería	380.9	40.7	435.4	42.6	531.3	47.8	14.3	22.0
Pesca	53.5	5.7	55.2	5.4	45.4	4.1	3.2	-18.2
Industrias extractivas	174.5	18.6	180.8	17.7	184.5	16.6	3.6	2.0
Metales y metaloides	137.6	14.7	142.7	14.0	144.9	13.0	3.7	1.5
Petróleo y sus derivados	36.9	3.9	38.1	3.7	39.6	3.6	3.3	3.9
Industria manufacturera	190.8	20.4	201.9	19.7	192.1	17.3	5.8	-4.4
De alimentos	89.1	9.5	114.6	11.2	96.7	8.7	28.6	-15.6
Textil	40.2	4.3	32.7	3.2	27.9	2.5	-18.7	-14.7
Química	30.5	3.3	26.4	2.6	36.4	3.3	-13.4	37.9
Otras industrias	31.1	3.3	28.2	2.7	31.1	2.8	-9.3	10.3
No clasificadas	136.1	14.6	148.8	14.6	157.4	14.2	9.3	5.4

(a) Cifras preliminares

FUENTE: Elaborado con base en cifras de los Informes Anuales 1964 y 1965 (preliminar) del Banco de México, S. A.

Fuente: Elaborado con base en cifras de los informes anuales 1964 y 1965, del Banco de México, S. A., Bancomext (1966)

El sector petróleo también ha sido una base fundamental en la economía mexicana, sin embargo el enfoque de la comercialización estuvo basado en el sector primario, sobre todo en la producción del sector agrícola rubro donde se filtró el recurso monetario con el afán de elevar su producción, sin embargo, seguía un pronunciado comercio conservador a pesar de saber que los mercados externos exigían productos industrializados y las políticas comerciales internacionales, habían aportado lineamientos hacia la liberalización económica, misma que ya era practicada por otras regiones.

La política económica de México ha estado determinada por los decenios en turnos, esto es, no se ha logrado establecer un esquema económico de desarrollo y crecimiento a largo plazo, el resultado de este proceso recae en la desigualdad, educación, desempleo y débiles políticas comerciales. A pesar de que se estaba construyendo el sector industrial y aumentaba el PIB, se eliminaba la pobreza y el desempleo, no fue suficiente, ya que desafortunadamente faltó aumentar el empleo y distribuir lo que se producía (Gollás, 2003).

Para México, la década de los ochenta, estuvo marcada por devaluaciones y crisis derivada de la baja en el precio del petróleo y los problemas de recaudación fiscal. Aspectos que posicionan al país ante la imposibilidad de liquidar la deuda externa, con desajustes fuertes y devaluaciones considerables entre 1982-1988, como consecuencia México se desequilibra en su política económica, al no experimentar crecimiento es como pierde el acceso al crédito externo.

Nuevamente el petróleo con nuevos pozos petrolíferos marcan inicio del aumento de la inversión, llegando a un crecimiento del PIB del 8.2% (Lustig & Székely, 1997). En ésta época, México es considerado como un país productor, con un mercado externo conservador y diplomáticamente pacífico, completamente dependiente de EUA. El sector industrial se reactivó fundamentalmente con la actividad manufactura en la fabricación de automóviles, carros de ferrocarril y metro (Serra, 2010).

La aceleración económica y liberación de los mercados, motivó a México a entrar a esta inercia en los mercados, era necesario que su economía conservadora tomara otras condiciones para poderse adaptar a las estrategias de libre comercio que marcaba la CI, principalmente por el primer socio histórico y comercial que es EUA, lo que motivó a México que en 1986 se incorpora al GATT.

En la plataforma internacional, la integración económica era un directriz que todos los países estaban implementando con la intención de ser competitivos en los mercados, por lo que, una vez que México ingresa al GATT, se inserta en las políticas integracionistas de tal forma que, con la firma del TLC las pone en práctica iniciando negociaciones comerciales, primeramente con EUA y Canadá, transacciones que se consolidarían en 1994 con el TLCAN. A partir de esta negociación integradora, las firmas serían en cascada, siguieron las firmas con Colombia, Costa Rica y con Chile además con países especificados en el Anexo 2.

Para México, la dinámica de globalización y las circunstancias económicas del país, le hacen seguir las propuestas lanzadas por EUA de privatizar los bancos y establecer el libre comercio (OCDE, 2007). Pese a la falta de experiencia de México en la materia, consolida varios acuerdos comerciales con la finalidad de aportar nuevas oportunidades de comercialización para los empresarios mexicanos (Serra, 2010).

En consecuencia de la problemática que acarreaba el país en el sector agrícola, el proyecto de liberación motivó al gobierno a iniciar el reparto de la tierra, siguiendo a la creación de la Reforma Agraria en 1991, lo que permitió a los agricultores acceder a créditos para producción, inversión e infraestructura. Igualmente la firma del TLCAN ofrece la opción de la maquila que más tarde fuera desplazada por la mano de obra barata de China.

La nueva política económica mexicana causó revuelo a nivel internacional, ya que las reformas económicas daban un giro esencial respecto a las practicadas durante décadas anteriores en el país, lo cual contribuyó a la opinión pública mexicana consciente de la transformación económica tan radical impulsada desde el Estado (Turner & Corbacho, 2000).

El Gobierno de México (2015) indica que:

"México cuenta con una red de 12 Tratados de Libre Comercio con 46 países (TLCs), 32 Acuerdos para la Promoción y Protección Recíproca de las Inversiones (APPRIs) con 33 países y 9 acuerdos de alcance limitado (Acuerdos de Complementación Económica y Acuerdos de Alcance Parcial) en el marco de la Asociación Latinoamericana de Integración (ALADI)".

Uno de los factores principales que motivó a otros países en la firma de los TLC, es por la ubicación geográfica con la que cuenta México ante el mundo, es así como el tratado con Israel se debió principalmente por la plataforma que existe para llegar a USA, así como el corredor de Coatzacoalcos-Salina Cruz, para llegar a Japón y países orientales. Esta estrategia se enlaza a las tarifas arancelarias y no arancelarias que les aporta a los países a tener bajo costos en sus productos.

La comercialización que México realiza básicamente se realiza con productos como: agrícolas; industria automotriz; maquinaria en general; equipo industrial; tequila; instrumentos profesionales, científicos y de control; equipos de cómputo; telefonía y comunicación; equipo de ensamble; refrigeradores y equipo para frío. Los socios principales para México son; EUA, Unión Europea (UE), Japón y Brasil (Global Connections, s/f).

Las importaciones de México se dirigen a bienes de intermedio, que corresponden a los productos que están en proceso de ser terminados para consumo final, además de reactores nucleares, calderas, productos químicos orgánicos, bebidas, productos plásticos.

Cuadro 2.1 Comparativo de Importaciones y Exportaciones de México 1993-2017
Expresado en millones de dólares

Año	Exportaciones	Importaciones	Países a los que se exporta	Países de los que se importa
1993	42,557.7	53,735.7	EUA, Brasil, Colombia, Venezuela, Argentina, Guatemala, UE, Japón	
2017	336,189.4	347,306.6		Estados Unidos, UE, Japón y China,

Fuente: Elaboración propia con datos de la Secretaria de Economía

México ingresa al Siglo XXI con un cambio brusco en sus negocios internacionales, lo que provoca un aceleramiento en su actividad económica ya que, como se muestra en el cuadro 2.1, las exportaciones se incrementaron en un 790%, indicador que se le puede adjudicar a la adhesión que tuvo México en la inercia de la liberalización económica internacional mediante la firma de TLC. Igualmente se observa un equilibrio de ingreso/egreso entre las exportaciones/importaciones, lo que sugiere que la balanza en comercio exterior pueda estar equilibrada.

Otro aspecto relevante en la posición de México en los mercados internacionales es su intervención en el mega tratado TPP, su participación es vía los mercados estadounidenses y Asia-Pacífico, una medida que se considera será productiva y competitiva por habilitar las cadenas de suministro. Los temas que se pretenden reforzar en este acuerdo es la desregulación arancelaria, adicionalmente de asegurar la desregulación arancelaria, comercio electrónico, la inserción de las pequeñas y medianas empresas, propiedad intelectual, cooperación y desarrollo y servicios (Rosenzweig, 2015).

López-Aymes, (2016) infiere que el TPP es un acuerdo regional benéfico solamente para China y EUA y muy en específico para las transnacionales. En este aspecto, el tema de la transferencia de tecnología e innovación se vería inhibido ya que quedaría solamente en obstruir el acceso a las tecnologías, para México queda la posibilidad de patentar nuevos productos y procesos que, para la experiencia en el país queda muy corto derivado de su avance tecnológico.

En lo que concuerdan tanto Bancomext como López-Ayme (2016), en la participación de México en el TPP es en la propiedad intelectual mediante la IED, acceso que puede permitir al país llegar a la innovación y desarrollo tecnológico para enfrentar la competitividad y productividad del país.

Derivado de este proceso de México en la apertura comercial y la multiplicidad de acuerdos firmados, se le ha contemplado como país emergente. De acuerdo a la OMC los países emergentes son los que han sobrepasado el término de PED pero que aún no han alcanzado su status de país desarrollado. Igualmente surgen cambios en políticas comerciales así como cambios en rubros arancelarios y no arancelarios derivado de los cambios experimentados en los últimos 10 años.

Estos cambios se enmarcan en un nuevo orden económico mundial, centro-periferia, por lo que, las condiciones para que los países sean considerados emergentes; son riqueza de recursos naturales con posibilidades a fuerte industrialización, población joven, acceso a IED, crecimiento de consumidores locales y la influencia de poder económico hacia su entorno geográfico (OMC, 1997).

La posición de México como emergente se deriva de su alto compromiso en fincar acuerdos comerciales además de ofrecer una estructura pertinente al nuevo planteamiento mundial, considerando que el país ofrece recursos naturales, población, captación de IED así como motivación para ser competitivo en los mercados internacionales. De tal modo que, un rubro relevante en la denominación de México como emergente, es la población, México está considerado en el número 10 por reportar una población al 2017 de casi 124 millones de habitantes (m/habs), de los cuales 54, 369,915 m/habs., corresponden a la Población Económicamente Activa (PEA) y una población de 5 años y más de 84, 217,138 m/habs. La gráfica 2.2 nos indica que la población al 2015 era de casi 121 m/habs., y los incrementos promedio que se reportan durante el periodo 2010-2015 son de aproximadamente 2 m/habs., por año (INEGI, 2015).

Esta estructura poblacional indica que México es un país con grandes características para la industrialización y el consumo local, pero enfrenta la falta de empleo ya que reporta que solo el 43.54% es considerado PEA en este caso, no se vislumbran los beneficios de todos las negociaciones que México ha firmado pero si es una oportunidad de país emergente para los países desarrollados.

Gráfica 2.2 Población de México 2010-2015

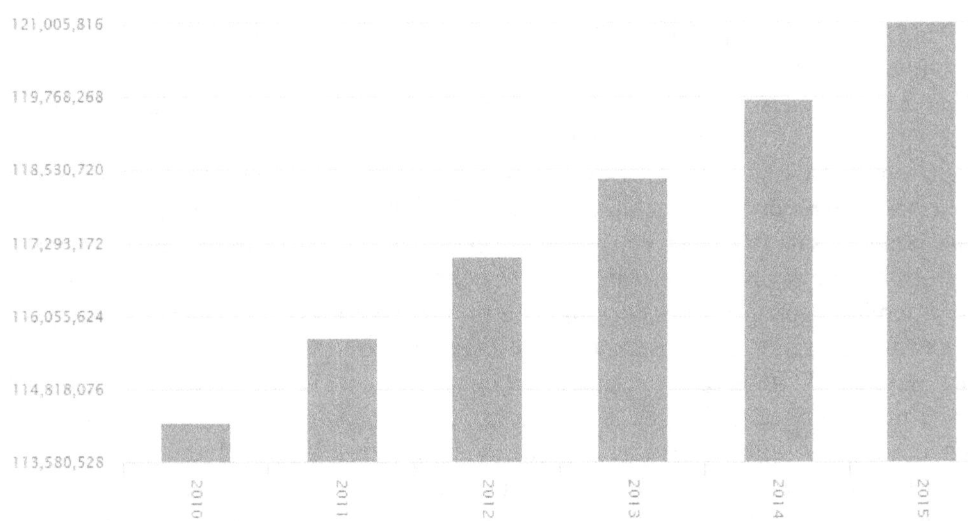

Fuente: INEGI-2015

Asimismo la estructura empresarial de México está conformado principalmente por Pequeñas y Medianas Empresas (PyMES) que reflejan el 95% de microempresas, el 15% de pequeñas empresas, que ambas logran el 99% de los negocios en el país generando un 80% de empleos, mientras que las grandes empresas representan el 1% pero que aportan el 65% del PIB (SE, 2012).

Ante este panorama, la OCDE (2015) comenta que la estrategia que puede aplicar México es la creación de empresas, motivación a la innovación, políticas económicas aplicables y coordinadas, fortalecimiento del capital humano, la facilitación a la inversión y comercio así como la intención del desarrollo de empresas con nivel industrial y regional.

En toda esta trayectoria económica, México ha tomado la opción de generar una serie de reformas, de acuerdo a las recomendaciones por los organismos internacionales, ya que es urgente que el país genere una estructura fortalecida y apta para poder enfrentar los embates de la liberalización económica internacional, México ha elaborado el documento de "Pacto por México 2012" en el cual se especifica el giro que el país abordará de cara al 2030.

México y la aplicación de la normativa internacional medioambiental

Como se ha mencionado anteriormente, la vertiginosidad de la liberalización económica se ha expandido a nivel mundial, de tal forma que las economías han aplicado a ser competitivas y en consecuencia en una internacionalización sin precedentes. México ha experimentado su inclusión mediante un comercio liberal, que a partir del nuevo milenio, se ha visto con tratados y acuerdos comerciales negociados, de tal manera que, tanto en producción, maquila e interacción comercial, le han llevado a incrementar sus emisiones de CO2 y en consecuencia insertarse en las normas medioambientales.

El fenómeno del cambio climático es considerado para la CI, un tema notable en la Agenda 21, de tal forma que tanto los gobiernos como organizaciones y sociedad estén involucrados en las perspectivas de los próximos años, contemplando que en los pasados 20 años este fenómeno ha cobrado relevancia en daños en el planeta. Esta problemática global, es llevada a cada reunión ministerial con la finalidad de encontrar las medidas y estrategias que ayuden a equilibrar el medio ambiente.

México no pasa desapercibido ni para la problemática ni para la normatividad internacional, contemplando que, para el mundo, México es un país relevante y necesario, por su condición de megadiverso ya que alberga especies de reptiles, anfibios, vertebrados, aves y otras que nos sitúa en un lugar relevante a nivel mundial, porque conserva del 66% al 75% de la diversidad mundial (Torres, 2017). Adicionalmente, México cuenta con bosques, dos grandes litorales de mar y zonas desérticas (Sarukhán *et al.* (2012)

De acuerdo a estas características y composición geográfica, el clima es indispensable para el territorio y biodiversidad, pero derivado del cambio climático las condiciones y escenarios han cambiado de tal forma que los cultivos, cosechas y recursos vivos sufren los embates del calentamiento global y el efecto invernadero (Magaña & Gay, 2002)

Los fenómenos que a México le han ocasionado daños son precisamente el de "El Niño" y de "La Niña" que, por ubicación geográfica, han sucumbido en fuertes huracanes, cambios en las estaciones del año y heladas; provocando serias inundaciones, pérdida en cultivos e inestabilidad en la sociedad mexicana (SEMARNAT & INECC, 2012)

Esta urgencia medioambiental y el acato de normas imperativas internacionales, ha precisado a México implementar políticas nacionales relativas al cuidado medioambiental ya que de otra forma, no se podría poner en marcha la vigilancia, mitigación, control y ejecución de la norma internacional.

Por tal motivo, México implementa dicha norma desde la constitución mexicana documento que ampara derechos y obligaciones de los mexicanos y que a partir de esta obligatoriedad implementa las leyes medioambientales. La regulación que ampara el rubro medioambiental está soportada por los artículos 4to. 25 y 26 que indican que es derecho de toda persona vivir en un ambiente sano y digno para llevar una vida en desarrollo, bienestar y con garantía para el desarrollo nacional integral y sustentable. Por lo tanto estas medidas son atribuibles al Plan Nacional de Desarrollo (PND)[1] del gobierno mexicano con la finalidad de llevar a cabo todas las estrategias y mecanismos para hacer efectivo estos artículos en la sociedad mexicana[2]

Ahora bien, México aplica la norma internacional mediante la reforma de la constitución en 1971 y la activa mediante la creación de la Ley Federal para Prevenir y Controlar la Contaminación Ambiental del mismo año. De acuerdo a Expansión (2015) México en esta época reporta emisiones de CO2 de 119.982 m/ton. mientras que, a nivel mundial se reporta emisiones CO2 de 14,788.798,314 por lo tanto la contribución de México era mínima de acuerdo a su nivel industrial que manejaba en la década de los setentas.

Para que dicha regulación sea implementada en la política interior, el gobierno mexicano ha diseñado una plataforma estructural con la finalidad de insertar la normativa, sin embargo por la propia inercia, avances y procesos del fenómeno climatológico se han ejecutado cambios y reestructuración a dicha plataforma. Esto se muestra en el cuadro 2.2, el cual indica que algunas leyes se han reformado y también se han creado nuevas instancias.

A partir de este fundamento el gobierno mexicano da seguimiento a la regulación nacional hasta lograr la Ley General de Cambio Climático misma que fue ratificada en junio de 2015.[3] A través de esta Ley Suprema se estipulan compromisos y responsabilidades del país y de todos sus componentes hacia la CI, igualmente mediante esta Ley queda facultado el gobierno para generar instancias administrativas, regulatorias, financieras, científicas y otras a que haya lugar para

---

[1] PND.-México.- Es un documento que se elabora en cada sexenio, donde se estipula la programación y presupuesto de la administración federal del país del gobierno en turno. En dicho documento se da a conocer a la ciudadanía, la continuidad de los objetivos y metas de periodos anteriores y la visión del nuevo periodo, de acuerdo a lineamientos de crecimiento y desarrollo nacional así como la vinculación del país en los ordenamientos internacionales económicos, políticos, sociales, medioambientales y otros. El PND es aprobado por la esfera jurídicamente vinculado a la Constitución Mexicana, es aprobado por la Cámara de Senadores y Diputados y se da a conocer mediante el Diario Oficial de la Federación (DOF).

[2] Diario Oficial de la Federación.- PND 2013-218.- México

[3] Congreso de la Unión.- Cámara de Diputados- Ley del Cambio Climático-México

determinar las acciones y avances que el país debe concretar en las metas de reducción de calentamiento global y efecto invernadero en los años 2020 y 2050 como lo indican la Agenda 21.[4]

Cuadro 2.2 Aplicación de Políticas Internacionales Ambientales en la Política Interna de México

REGULACIÓN	APLICACIÓN	CONTEXTO
Constitución Política de los Estados Unidos Mexicanos	Art. 4, 25, 26	Toda persona tiene derecho a un ambiente sano, integral y sustentable
Reforma Constitucional 1971	Art. 73-A Fracción XIII	Constitución reformada para aplicación del desarrollo sustentable.
Ley Federal para Prevenir y Controlar la Contaminación Ambiental 1971		Aplicación de la Normatividad Internacional
Programa Integral de Saneamiento Ambiental 1980	Comisión Intersecretarial de Saneamiento Ambiental[5]. Subsecretaria de Mejoramiento del Ambiente. Consejo de Salubridad	Generación de instancias gubernamentales para atender el rubro.
Ley Federal de Protección al ambiente 1982.	Ley General de Equilibrio Ecológico y Protección al ambiente (LGEEPA). Ley General de Vida Silvestre (LGVS) Ley General de Desarrollo Forestal Sustentable (LGDFS) Ley de Biodiversidad y de Organismos Genéticamente Modificados (LBOGM). Ley General de Aguas Nacionales (LGAN) Ley de Pesca.	Reforzó la aplicabilidad de la regulación.

[4] Ibidem.- Sección I y II y Cap VII

[5] Comité Intersecretarial para el Medio Ambiente.- Este comité está conformado por todas las Secretarías de Gobierno ya que es incumbencia de todas aplicar la norma dentro de la actividad propia de la secretaría. Por lo tanto, participan SAGARPA, SSA, SCT, SE, SECTUR, SEDESOL, SEGOB, SEMAR, SEMARNAT, SENER, SER, SHCP.

PND	SAGARPA Secretaría de Medio Ambiente y Recursos Naturales 1994 (SEMARNAT) Instituto Nacional de Ecología y Cambio Climático 1995 y 2012 Coordinación General del Cambio Climático (CPCC)	Institucionalización para dar cumplimiento a la regulación.
Ley General del Cambio Climático 2012 Reforma en 2015		
PND 2013-2018	Programa Especial para el Cambio Climático.	Metas Nacionales y transversales para mitigacion y adaptación del país al fenòmeno climático.

Fuente: Elaboración propia con datos de Gobierno Federal de México.

La estructura medioambiental se va reestructurando porque a través del tiempo se presentan indicadores contaminantes que apremian para su control; lo que se muestra en el cuadro 2.3 es que la década de los setenta se señala como la más contaminante, le sigue la década de los noventa y principio de Siglo XXI; índices que se relacionan propiamente a la participación del país en la liberalización económica mediante la firma de tratados comerciales. Derivado de los incrementos que se detectan hasta el 2010, el gobierno mexicano sigue reforzando con estrategias mediante la implementación de programas, proyectos, mecanismos y medidas para disminuir sus emisiones CO2, esto con la finalidad de dar cumplimiento a los lineamientos marcados por el PK.

Aunque México no está marcado en las listas del protocolo ya que es un país en desarrollo, sí forma parte de la normatividad dentro de las responsabilidades comunes pero diferenciadas porque han contribuido de alguna manera en el daño medioambiental. Por lo tanto, el señalamiento del protocolo es que México debe bajar sus emisiones a las que representaba en 1990.

Cuadro 2.3 Emisiones de CO2 México 1970-2015 comparativo
0

Año	Emisiones CO2 México m/ton.	Incremento	Emisiones CO2 a nivel Mundial m/ton.
1970	119.982		14.788.798
1980	240.203	+120.221	19.324.327
1990	289.946	+ 49.743	22.149.402
2000	379.240	+ 89.294	24.689.911
2010	445.291	+ 66.051	33.472.376
2013	486.432	+40.522	35.837.591
2014	480.692	- 5.740	36.138.285
2015	472.018	- 8.674	Igual que el anterior.

Fuente: Elaboración propia con datos del Banco Mundial y Expansión sobre emisiones de CO2

Las acciones institucionales que México ha considerado, se vinculan hacia la Secretaría de Medio Ambiente y Recursos Naturales (SEMARNAT), el Instituto Nacional de Ecología y Cambio Climático (INECC) y Secretaría de Agricultura, Ganadería, Desarrollo Rural, Pesca y Alimentación (SAGARPA) entre otras, y los sectores con los que se debe de trabajar es el agropecuario, transporte, energía y uso de suelo que son los que impactan al daño ambiental. Igualmente y de acuerdo a Expansión (2008), los sectores que resultaron más contaminantes son las industrias que utilizan químicos, petróleo, automotrices, metalúrgica, papel y celulosa además comenta que las sustancias de efecto invernadero son las que más se reportan, por lo tanto los GEI reporta un 99.8% corresponden al dióxido de carbono y al metano.

Toda vez que el gobierno mexicano provee de una infraestructura legal para el manejo medioambiental, tuvo que atender los lineamientos internacionales presentados por la CMNUCC y el PK basados en revisiones periódicos por el IPCC organismo que inicia visitas al país con la finalidad de observar la puesta en marcha de las recomendaciones efectuadas por la IPCC y su reflejo en el medioambiente.

El cuadro 2.4 muestra los documentos que México ha elaborado para dar respuesta a las recomendaciones hechas por el IPCC, en sus visitas efectuadas, que por lo regular se llevan a cabo cada 3 años. La primera comunicación que México hace, la realiza a detalle aportando datos relevantes de su ubicación geográfica, sectores, producción, población, zonas vulnerables, ecosistemas, zonas protegidas, índices de contaminación por emisiones de CO2 y efecto invernadero, es decir se plantea todo una análisis situacional del país para conformar las estrategias que el país debe contemplar en el manejo medioambiental y con el propósito de salvaguardar los recursos naturales y las vidas humanas.

Cuadro 2.4 Comunicaciones de México presentadas a la IPCC 1997-2016

Primera Comunicación 1997	Segunda Comunicación 2000	Tercera Comunicación 2006	Cuarta Comunicación 2009	Quinta comunicación 2012	Sexta Comunicación 2016
1.- Bajar las emisiones GEI.	1.- Impulso de políticas que permitieron mitigar los efectos del cambio climático mediante la energía.		1.- Asesoramiento del Gobierno Federal a entidades federativas para la adaptación.	1.- Fortalecimiento de medidas para mitigar y/o controlar las emisiones CO2	1.- Recepción de IED por el Fondo Mundial de Medio Ambiente para la integración de estrategias de cambio climático.
2.- Sector contaminante transporte representa el 32%. Energía 23% Industria 22%	2.- Aplicación de Certificación para los vehículos.		2.-Planteamiento del Sector energético para el ahorro del consumo de energía mediante aplicación de NOMS.	2.- Publicación de metodologías aplicadas en inventarios de emisiones CO2 y escenarios futuros.	2.- Lograr que México sea una economía baja en carbono.
3.- Zona Norte.- el 10% afectado por las condiciones climáticas.	3.- Proyectos de colaboración con las automotrices en mejora de eficiencia energética de autos.		3.- Publicación del Programa Especial de Energías Renovables.	3.- Fortalecimiento de acuerdos institucionales para la colaboración interinstitucional en el país.	3.- Promoción de políticas transversales e integrales para la mitigación efectiva y acciones de adaptación que conduzcan a beneficios económicos, sociales y ambientales para México y para el mundo.

4.- Zona Centro.- Aumentaría climas secos y cálidos así como la escases del agua.	4.- Recepción de IED mediante proyectos ante el Banco Mundial para rellenos sanitarios.		4.- Publicación del Programa Vivienda Sustentable vía mejores prácticas en la construcción.		
5.- Zona Coste-ra.- Vulnerable al ascenso del nivel del mar.	5.- Expedición de Leyes medioambientales.		5.- Implementa-ción de Inven-tario Nacional de emisiones GEI, Impacto de vulnerabilidad y adaptación, Estudios Jurídicos Económicos e Internacionales.		
6.- Zona Sur.- Sensibles la producción de petróleo y ascenso del nivel del mar.	6.- Trabajo de 12 pro-yectos				
	7.- Desarrollo del estudio académico "Support for Nartional Action Plan"				

Fuente: Elaboración propia con datos de SEMARNAT / INECC.

A pesar de eso, no todas las medidas y mecanismos pueden aplicar en resultados a corto plazo ya que el país tiene debilidad en tecnologías, capacitación técnica, recursos financieros, observación meteorológica, investigación sobre vulnerabilidad, tratamiento de desechos industriales y de hogar, por ello los resultados se vislumbran a mediano y largo plazo.

Para enfrentar estas situaciones, México ha recibido recurso para poner en marcha proyectos dirigidos hacia la mitigación principalmente para desarrollar y ejecutar programas sociales, mejores prácticas, desarrollo en los sectores forestal y agropecuario, petróleo, gas y energía.

La división de empresas mexicanas logran en cada sector la intención de atender los aspectos medioambientales aunque se encuentran en dos grandes polos: las grandes empresas que están interviniendo muy efusivamente en el cuidado medioambiental por ser grandes exportadoras, pero las pequeñas y medianas empresas que están en el sector exportador que tienden a cuidar el medio ambiente pero que no cuentan con el recurso financiero para implementar las mejores prácticas. Por lo tanto, es un cuanto difícil equilibrar estas disparidades, debido a que los desechos industriales es un rubro perjudicial relevante en emisiones CO2 (SEMARNAT & DGEIA, 2010)

Aunado a esto se observa la dispersión de la Industria en todo el país y se identifica que algunos Estados son más contaminantes que otros, de acuerdo a la actividad productiva que se opera, las industrias que se indican en el cuadro 2.5 se encuentran ubicadas en distintas zonas del país que, aunque tratan de cuidar el medio ambiente, contaminan la zona en la que están instaladas.

Cuadro 2.5 La industria mexicana y su contaminación al medio ambiente

Industria	Recurso Natural Contaminado
Azucarera	Agua.- por sus altas temperaturas y utilización de combustóleo y gabazo.
Minero	Agua.- por descarga de materiales metales-metalúrgicos.
Siderúrgica	Agua.- por descargas de ácidas y amoniaco.
Cuero	Agua con sales, cromo, materia orgánica y residuos de descarne y raspa.
Celulosa y papel	Agua.- Sustancias químicas y materia orgánica.
Petrolera	Ambiente.- Actividades de refinación y petroquímicas

Fuente: Elaboración propia con datos de SEMARNAT-DGEIA (2010).

La Industria ha contemplado medidas en el control atmosférico y de tratamiento de aguas residuales, lo que hace que su contaminación no sea tan elevada, pero si es un rubro considerable en la contaminación de los recursos naturales.

Otro aspecto relevante en la contaminación de México, es el crecimiento poblacional, que si bien es cierto, lo ha clasificado como un país emergente por su población, por otro lado lo convierte en más contaminante ya que se incrementa el consumo y por ende los desechos industriales y de hogar. El crecimiento de acuerdo a la gráfica 2.3 marca una media de 7 a 9 millones cada 5 años en un periodo de 1990-2015.

Gráfica 2.3 Población de México 1990-2015

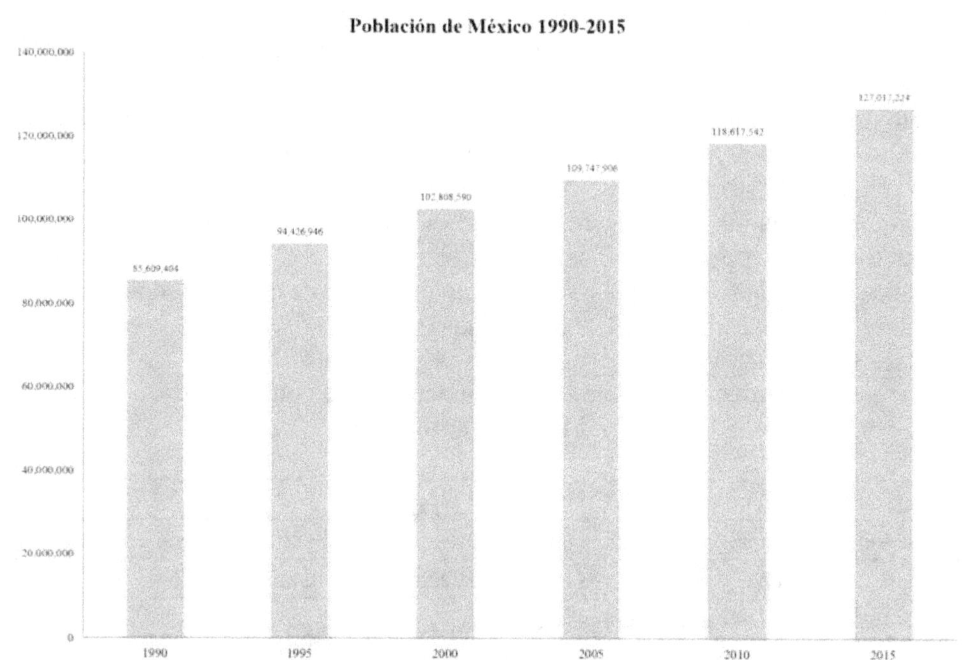

Fuente: Elaboración propia con datos del Banco Mundial

Actualmente la población de 2017 asciende a 129.6 m/ habs., cantidad que refleja un incremento de 2 m/habs., en el período del 2015-2017. La ONU lo refiere como el décimo país más poblado del mundo, con una proyección al 2030 de 147 m/habs., al 2050 de 164 m/habs., y para el 2100 alcanzará la cifra de 151 m/habs. (Excelsior, 2017).

De acuerdo a estas proyecciones, México deberá optar por medidas respecto al sector, ya que al incrementarse la población es mayor el consumo, desechos y contaminación. Igualmente crear mecanismos en diversos aspectos como salud, mejoras en los procesos, rellenos sanitarios y la modernización ya que de este último factor depende que tanto la sociedad mexicana como la industria tengan la concientización del manejo de desechos y recursos naturales.

Alrededor de todo lo anterior, la (SEMARNAT & INECC, 2012) en el documento de la Quinta Comunicación, ha lanzado los objetivos claves para lograr bajar las emisiones, estos objetivos viran hacia contribuir al crecimiento sustentable y equitativo, reducir significativamente la huella de carbono, proponer e implementar acciones enfocadas al desarrollo social y conservar el capital natural. Este programa medioambiental, espera lograr hacia el 2050, las metas acordadas en el PK, atacando a los desechos y a la eliminación de aguas residuales principalmente.

Para poder lograr el objetivo, el gobierno de México ha implementado medidas medioambientales establecidas en el Diario Oficial de la Federación (DOF-2013) en el que se establece la Estrategia Nacional del Cambio Climático fundamentada en la Política Nacional para el Cambio Climático misma que ha determinado dos pilares relevantes; la adaptación y el desarrollo bajo en emisiones CO2.

Acerca de la adaptación, refiere en reducir la vulnerabilidad y aumentar la resiliencia social, infraestructura y procesos productivos. Igualmente conservar de forma sustentable los ecosistemas y mantener los servicios ambientales. Respecto al desarrollo bajo en emisiones se contempla generar fuentes de energía limpia, sustentabilidad en movilidad, gestión de residuos, construcción baja en carbono, mejores prácticas en el sector agropecuario y forestal.

El gobierno mexicano ha trazado diversas políticas y acciones climáticas, para tal efecto tales acciones deben concretarse de manera transversal, articulada e incluyente, políticas fiscales e instrumentos económicos y financieros con enfoque climático, investigación, innovación y desarrollo de tecnologías climáticas y capacidad institucional, promoción al desarrollo de una cultura climática, instrumentar mecanismos de medición, reporte, verificación monitoreo y evaluación; así como fortalecer la cooperación estratégica y el liderazgo internacional (DOF, 2013).

El gobierno mexicano mediante la Ley General del Cambio climático ha efectuado un Sistema Nacional para que las medidas medioambientales sean incluyentes para todo el país y todos los sectores, lo cual se puede observar en la gráfica 2.4.

Gráfica 2.4 Sistema Nacional para el Cambio Climático

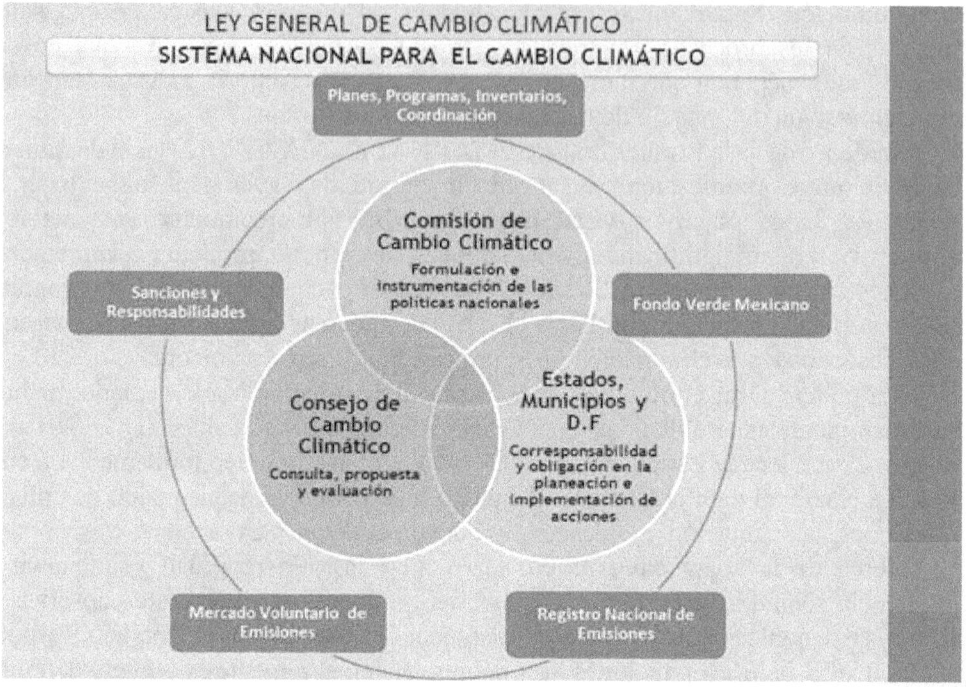

Fuente: Ley General de Cambio Climático Sistema Nacional para el Cambio Climático

De acuerdo a este sistema, todos los Estados y sectores son vinculantes a la regulación así como su corresponsabilidad en planes, programas y proyectos que alienten a la baja de emisiones. Finalmente se puede observar que México está dando respuesta a las recomendaciones de la IPCC así como a los lineamientos de la ONU, aunque los resultados sean a largo plazo ya que México es un país en desarrollo y que sus debilidades se encuentran en la falta de modernización, tecnología, capacitación técnica y recursos económicos pero que el esfuerzo de atender la problemática es parte de las metas y objetivos en su PND.

Conclusiones

La participación de México en los lineamientos pactados en la liberalización comercial internacional se muestra en una iniciación atropellada y sorpresiva tanto para la sociedad mexicana como para la sociedad internacional. Considerarlo de esta forma responde a que México hasta los ochentas era una economía conservadora, que no tenía un plan de desarrollo y crecimiento establecido a largo plazo, ya que sus planes derivaban de gobiernos sexenales y que las directrices eran de acuerdo al gobernante en turno, acciones que no fructificaron en una planeación sólida hacia el engranaje económico y social.

La oportunidad que se dio para México fue debido a la inercia globalizadora que se experimentaba en otras regiones, además, porque era conveniente que el país se sumara en la regionalización debido a los intereses propios de internacionalización. Por tal proceso México se inserta en una serie de firma de acuerdos comerciales sin tener una estructura industrial que soportara tales acuerdos. El interés de los países que han firmado acuerdos con México se identifican: por estrategia geográfica, consumo, establecimiento de industrias internacionales y por la inversión extranjera directa.

Sin embargo, estos lineamientos de apertura para México, no han generado un beneficio a la sociedad mexicana, ya que siguen las mismas condiciones que en los ochentas, desempleo, desigualdad, falta de oportunidades, infraestructura sin tecnologías e innovación, bajo crecimiento empresarial, así como debilidad en competitividad internacional.

La CI ha definido la regulación medioambiental aplicable para todos los países, aunque para los países no desarrollados ha sido más difícil la implementación derivado de su propia situación económica. México no ha pasado desapercibido ante esta norma, la ha tenido que implementar a pesar que ha sido una verdadera trayectoria en su aplicación ya que, al ser país no desarrollado no cuenta con toda la infraestructura necesaria.

Para México ha sido un reto ya que ha enfrenta el fenómeno climatológico aterrizado en el país de una forma muy severa ya que la biodiversidad se ha visto afectada, por lo que la urgencia por atender el medio ambiente ha sido uno de los puntos clave en la planeación del gobierno mexicano.

En primer término tuvo que efectuar los cambios desde la Constitución Mexicana al implementar las leyes que intervinieran en los cambios estructurales, es decir, generar leyes específicas que se enlazaran con la reestructuración internacional, de tal forma que tanto las leyes como la infraestructura organizacional tuvo que ser creada para la aplicación de la norma.

Para el gobierno mexicano no ha sido fácil involucrarse en estas acciones y transportarlas hacia todo el país, igualmente ha tenido que crear las instancias necesarias para que hagan accionar las leyes y hacerlas efectivas tanto en la sociedad mexicana como en los sectores productivos.

A pesar de que el gobierno mexicano ha implementado la regulación pertinente, la debilidad que ha enfrentado es que no cuenta con los recursos económicos ni con la tecnología para modernizar el país sin embargo ha llevado a cabo las recomendaciones que ha podido atender de acuerdo a las revisiones por parte de la IPCC. Adicionalmente a las estrategias que ha planeado el gobierno mexicano para enfrentar el fenómeno, existen otras situaciones que debe de atender en la baja de emisiones de CO_2 como el incremento de la población, este aspecto es clave para monitorear la baja de emisiones ya que a mayor población es mayor el nivel de desechos industriales y de hogar así como el consumo de recursos naturales.

Otro aspecto relevante es el cuidado de la biodiversidad, la reforestación y evitar la deforestación, estas acciones son claves para mantener los ecosistemas contemplando que México es relevante para el bienestar del planeta.

Finalmente, las acciones y estrategias que ha considerado el gobierno mexicano son las que corresponden de acuerdo a la demanda global, solo habrá que considerar que los avances del país están en función de la aplicación y efectividad de la regulación ambiental nacional y que será a largo plazo los resultados que México pueda presentar ante la normativa internacional. Es necesario involucrar a todos los sectores productivos y a la sociedad mexicana quienes tienen la responsabilidad de cumplir y hacer cumplir la normatividad medioambiental ya que es una corresponsabilidad de todos para las siguientes generaciones.

Por ello mismo y como norma incluyente para todos los Estados que conforman el país, el próximo capítulo está destinado a conocer la aplicación en el Estado de Hidalgo y sus sectores productivos en este caso, el del sector empresarial correspondiente al ejercicio del comercio exterior y considerar las acciones que el Estado Hidalguense ha implementado y la aplicación en las empresas exportadoras.

Capítulo III. Una alternativa verde: Capital Intelectual

Introducción

En las últimas décadas, el mundo ha tenido cambios drásticos que tienen impacto en los ámbitos económico, social y ambiental. Por un lado, el hambre, la guerra y la desigualdad social, y por otro, la contaminación, el cambio climático y la pérdida de ecosistemas. Todas estas condiciones juegan un papel importante en la vida de la sociedad y ponen en riesgo su calidad de vida, por si fuera poco, también genera incertidumbre acerca del futuro de las siguientes generaciones.

Como resultado de lo anterior, los Estados se han reunido para generar estrategias o mecanismos que permitan hacerle frente a estas problemáticas mundiales; el "Convenio de Montreal" en 1987, el "PK" en 1997, la "Cumbre Mundial de Johannesburgo" en 2002 (Chen, 2008) y la "Cumbre de las Naciones Unidas sobre el Desarrollo Sostenible" en 2015, por mencionar algunas. Cabe mencionar que este último evento dio la pauta para exponer la Agenda 2030[1] como una ruta civilizatoria para los países de AL y el Caribe. La Agenda 2030 postula a la dignidad y la igualdad de las personas como la meta central, y, con la ayuda de sus 17 ODS y 169 metas las cuales contemplan una visión ambiciosa del desarrollo sostenible, integrando las dimensiones económica, social y ambiental.

---

[1] Fue aprobada en septiembre de 2015 por la Asamblea General de las Naciones Unidas y establece una visión transformadora hacia la sostenibilidad económica, social y ambiental de los 193 Estados Miembros que la suscribieron y será la guía de referencia para el trabajo de la institución en pos de esta visión durante los próximos 15 años.

La globalización, la sociedad moderna y la economía inestable, producen condiciones que exigen a las personas, a las empresas y a los gobiernos de cada uno de los países, a esforzarse por trabajar hombro con hombro en la lucha por mitigar las situaciones que aquejan al mundo. Así mismo, resulta imperante que desarrollen y practiquen acciones encaminadas a cumplir con los objetivos del desarrollo sostenible, asegurando así la vida de las generaciones futuras[2], tal como lo persigue la agenda 2030.

Tal como lo mencionan Bárcena y Prado, (2016), "…el futuro de las sociedades se construye a lo largo del tiempo…", es decir, "una sociedad que no se educa… que no innova, que no construye acuerdos con instituciones sólidas y estables tiene pocas posibilidades de prosperar". Así mismo, comentan que el Estado debe ser capaz de; proveer una gestión estratégica con mirada de largo plazo e intervenir en el diseño del desarrollo nacional y promover un diálogo que le brinde mayor legitimidad para arbitrar los distintos intereses entre los diversos actores sociales.

Sin embargo, de las tres dimensiones del desarrollo sostenible, el tema medioambiental es el que ha tenido mayor auge, puesto que trae consigo desafíos a la sociedad que, a su vez, agravan los problemas nacionales de pobreza y de inequidad social y económica. Es por ello que, a partir de las reuniones anteriormente comentadas, se comenzaron a hacer común el uso de términos, conceptos y regulaciones en torno a aspectos medioambientales que permiten profundizar en el tema del desarrollo sostenible buscando hacerlo una meta alcanzable.

El medioambiente como una preocupación mundial

Como consecuencia de lo anterior, los gobiernos de los Estados han adaptado las metas del desarrollo sostenible dentro de su normatividad, de tal suerte que a través de tiempo y trabajo constante, será posible cumplir con los ODS a los que se han comprometido. Los representantes de los Estados están conscientes de que es una lucha que requiere la colaboración y la participación de todos los habitantes, es por ello que cada país se ha encargado de promover una cultura "sostenible" entre sus habitantes.

Entretanto, el entorno actual se ha vuelto dinámico e impone grandes retos a la sociedad, el principal de ellos es generar resiliencia para enfrentar a la globalización y su sinfín de retos, que, a su vez, trae consigo. De esta manera, las empresas deben adaptarse a una crisis en su intento por sostener una ventaja competitiva ante el

---

[2] Tal como es definido por el informe Brundtland (1987)

rápido cambio ambiental, lo que implica adaptarse a la necesidad de la sostenibilidad y desarrollar sus responsabilidades sociales. Muchas de las empresas a nivel mundial, han comenzado a ejecutar actividades socialmente responsables que cumplan con las regulaciones ambientales y conduzcan a una situación de "ganar-ganar", es decir, un mejor desempeño financiero y ambiental (Ching- Hsun y Yu- Shan, 2012). Además, es necesario que las empresas adopten una estrategia proactiva para hacer frente a la llegada de la era ambiental (Pane, *et al.,* 2009), que les permita mirar hacia adelante (Nivlouei y Khass, 2014) y fomentar el nuevo concepto: la conciencia ambiental.

La conciencia ambiental puede ayudar a las empresas a mejorar su gestión ambiental, lo que influirá en las innovaciones ecológicas de las mismas y en las operaciones comerciales (Greeno y Robinson, 1992, Schlegelmilch y Bohlen 1996). La conciencia ambiental se define como la percepción total de una organización o de un individuo sobre conceptos ambientales; como la protección del medio ambiente, la política ambiental, la gestión ambiental y el ecologismo (Ahmed y Firenze, 1998). Aunado a lo anterior, existe una relación positiva entre la conciencia ambiental y el desempeño corporativo (Naffziger, *et al.,* 2003), es decir, una empresa que invierte recursos en la gestión ambiental puede mejorar su imagen corporativa, desarrollar nuevos mercados y aumentar sus ventajas competitivas (Chen, 2008). Así mismo, una gestión ecológica proactiva puede conducir a retornos económicos a largo plazo, (Molina- Azorín, *et al.*, 2008).

Enverdeciendo al Capital Intelectual

En los últimos años, de acuerdo a las exigencias de la sociedad, la vida de las empresas está determinada por su capacidad para desenvolverse en un mercado competitivo, que implica que las organizaciones tengan mayor interés por obtener y producir ideas creativas, innovaciones, conocimiento tecnológico y organizativo, así como, rutinas organizativas, cultura o patentes, promoción de habilidades y aprovechamiento de potenciales de los trabajadores que pertenecen a las mismas empresas, lo que les dará como resultado contar con elementos conductores o creadores de valor dentro de la organización (Gómez Jiménez y Maldonado, 2012), lo que se traduce en gestión del conocimiento.

El modelo de crecimiento y desarrollo de las organizaciones se ha transformado de tal forma que se ha postulado al conocimiento como un recurso más dentro de los factores de producción, es decir, se ha incorporado como uno más de ellos, quedando de la siguiente forma: tierra, trabajo, capital y conocimiento; y éste último es el factor de producción con mayor potencial en el presente (Ramos, 2012).

Las empresas se están dando cuenta de la importancia de "saber qué es lo que saben" y de hacer el mejor uso de dicho conocimiento, de tal suerte que el conocimiento es reconocido como el activo más importante de la empresa y el recurso más significativo (Sáez, *et al.*, 2003), ya que es a través del conocimiento que se pueden crear nuevos procesos, nuevos servicios y nuevos productos. (Shrivastava, 1995), sostiene que explotar el conocimiento y gestionarlo representa una oportunidad de crecimiento, desarrollar ideas aplicadas a diseños y embalaje de los productos en beneficio del medio ambiente, y por lo tanto aumentar las ventajas del producto con diferenciación.

Esto se traduce en "capital intelectual" el cual es la suma total de los activos de conocimiento que las organizaciones utilizan para el logro de innovaciones tecnológicas y ventajas competitivas sostenidas (Nahapiet y Ghoshal, 1998, Subramaniam y Youndt, 2005) Siguiendo a (Edvinsson y Maloone, 2003), el capital intelectual es igual a "capital de conocimientos", "activos no financieros", "activos inmateriales", "activos ocultos", "activos invisibles" y "medios para alcanzar la meta", tal como se muestra en la figura 3.1.

Figura 3.1 Capital Intelectual

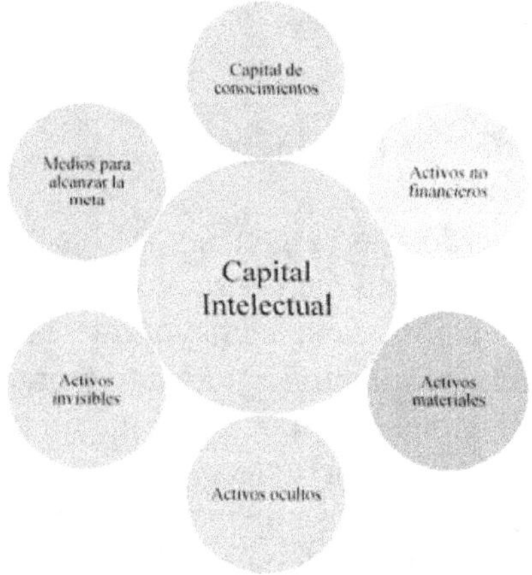

Capital de conocimientos

Medios para alcanzar la meta

Activos no financieros

Capital Intelectual

Activos invisibles

Activos materiales

Activos ocultos

Fuente: Elaboración propia

Edvinsoon y Maloone (2003) utilizan una metáfora para definir al capital intelectual: "Una corporación es como un árbol. Hay una parte que es visible (las frutas) y una parte que es oculta (las raíces). Si solamente te preocupas por las frutas, el árbol pude morir. Para que el árbol crezca y continúe dando frutos, será necesario que las raíces estén sanas y nutridas. Esto es válido para las empresas: si sólo nos concentramos en los frutos –los resultados financieros- e ignoramos los valores escondidos – el Capital Intelectual (activos invisibles o intangibles)-, la compañía no subsistirá en el largo plazo". Por lo tanto, se puede decir que el capital intelectual es un elemento intangible que genera valor a las empresas.

Tal como lo indica Krell (20XX, citado por (Edvinsson y Maloone, 2003), el capital intelectual es un bien complejo, que pertenece a la organización: incluye al *Capital Humano*, que no es de su propiedad, pero sí el nutriente; al *Capital Estructural*, compuesto por bienes, patentes, marcas y sistemas de la empresa; y al *Capital Cliente o Relacional,* que es el valor de sus relaciones comerciales (véase figura 3.2).

Figura 3.2 Componentes del Capital Intelectual

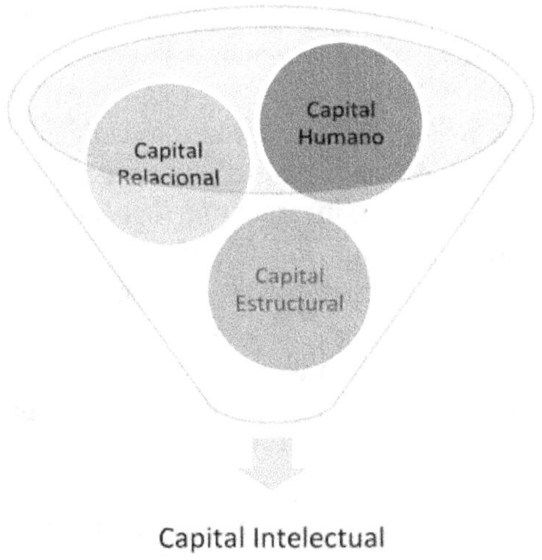

Fuente: Elaboración propia a partir de Edvinson y Maloones (2003) y Bontis (1999)

De la misma forma, Krell (2015), describe cada uno de los elementos del capital intelectual, los cuales son:

- Capital Humano: Incluye las competencias, aptitudes, conocimientos, valores y potencial innovador que cada miembro de la organización le aporta a ésta. Cada una de estas competencias o saberes forman activos individuales e intransferibles, de manera que no pueden ser de propiedad de la empresa, pero sí son los que directamente nutren los demás elementos y le dan vida al proceso productivo dentro de la empresa.

- Capital Organizacional: Es la infraestructura innovadora de la empresa, a través de la cual el capital humano y el relacional se apalancan y se llegan a transformar en capital financiero; incluye todos aquellos elementos surgidos y desarrollados al interior de la organización y diseñados específicamente para desempeñar sus operaciones y optimizar sus procesos, como su estructura organizacional, los manuales de procesos, su visión, cultura, filosofía, los sistemas informáticos, las bases de datos y la propiedad individual como patentes, marcas u otros intangibles protegidos por los derechos de propiedad intelectual.
- Capital Relacional: Se compone de las relaciones con los clientes, tanto clientes potenciales como clientes ya fidelizados; además incluye los canales de distribución, la mercadotecnia de la organización, sus proveedores, su red de socios por alianzas estratégicas y la lealtad y capacidad de generación de ideas de sus clientes y proveedores.

Una buena gestión y promoción de capital intelectual en sus tres dimensiones es capaz de generar elementos de valor dentro de la organización y, con ello, asegurar su permanencia en el mercado. Sin embargo, las tendencias de las regulaciones ambientales y el aumento de los consumidores ambientalistas, los problemas medioambientales, sociales y económicos, así como, los compromisos entre los países; han producido un cambio en los patrones de consumo, de tal forma que es necesario adicionar la parte medioambiental al propio capital intelectual, es decir, el capital intelectual al ser un factor determinante en la organización de la empresa, puede representar un agente de cambio dentro de las organizaciones promoviendo la generación de ideas creativas para que su actividad productiva o su producto sea compatible con la protección ambiental (Sena y Dumke, 2004) y con ello hacerle frente a las exigencias de los clientes o consumidores.

No obstante, lograr que las empresas tengan especial interés por el medioambiente, no ha sido una tarea sencilla, al principio, muchas empresas pensaron en la gestión ambiental corporativa como una inversión innecesaria y no era atendida por parte de las comunidades académicas hasta recientemente. (Porter y Van Der Linde, 1995), por el contrario, pensó que la contaminación era la evidencia concreta de usos ineficientes de los recursos, afirmó que las empresas pueden aumentar la productividad de los recursos a través de la innovación verde, es decir, la "innovación ecológica" que está relacionada con productos o procesos ecológicos, tales como: ahorro de energía, la prevención de la contaminación, el reciclaje de desechos, los diseños de productos ecológicos o el medio ambiente corporativo. Si bien es cierto que, la innovación verde se utiliza para impulsar el desempeño de la gestión ambiental a fin de satisfacer el requisito de protección ambiental.

Las presiones que provenían de la protección ambiental habían sido consideradas por las empresas como obstáculos de la operación comercial y muchas empresas eludieron o lucharon vanamente contra dichas presiones, debido a que las regulaciones ambientales internacionales tuvieron impactos significativos a las industrias en el mundo (Chen, *et al.*, 2006). Bajo las tendencias de las propias regulaciones ambientales internacionales y la popular conciencia ambiental de los consumidores, surgieron muchos cambios en las reglas y patrones de la competencia industrial global, y para seguir participando, resultó imperante que las empresas encontraran soluciones. De ahí el surgimiento de la gestión ambiental, la cual juega un papel importante hoy en día (Russo y Fouts, 1997) y representa beneficios para las empresas.

Las empresas no deben eludir sus responsabilidades, ya que el aumento de la Responsabilidad Social de las Empresas implica que las empresas se obliguen a proteger y mejorar el bienestar de la sociedad. La gestión ambiental y la innovación verde les permite a las organizaciones a cobrar precios relativamente altos por corresponder a ser productos verdes, mejorar las imágenes corporativas, y así obtener ventajas competitivas[3] corporativas (Chen, *et al.*, 2006). Esto da la pauta para a la nueva tendencia de capital intelectual, es decir, capital intelectual verde.

Capital Intelectual Verde

El capital intelectual es el valor total de conocimiento colectivo, información, tecnologías, derecho de propiedad intelectual, experiencia, aprendizaje y competencia de la organización, así como, sistemas de comunicación de equipo, relaciones con los clientes y marcas que crean valoro para las empresas (Stewart, 1998). Ahora bien, el capital intelectual verde o ecológico es el valor total de todo tipo de activos intangibles: conocimientos, capacidades y relaciones, sobre la proyección del medio ambiente o la innovación ecológica a nivel individual y de una organización. La

---

[3] De acuerdo a (Barney, 1991) una ventaja competitiva es aquella cualidad que posee una empresa mediante la cual, una organización utiliza sus conocimientos, competencias y recursos eficientemente, que no pueden ser imitados por sus competidores

gestión ecológica es un elemento importante incluido en las estrategias de la empresa y debe considerarse como una capacidad única (Chen, 2008).

Tal como lo hizo Bontis (1999) y Chen (2008) dividió al capital intelectual verde en tres grandes grupos como se muestra en la gráfica 4.3: capital humano verde, capital estructural verde y capital relacional verde.

- El capital humano verde o ecológico, es la suma del conocimiento, habilidades, experiencia, actitud, sabiduría, creatividades y compromisos sobre la protección ambiental o la innovación ecológica. Así mismo, es la preocupación ambiental, la cual mejora la eficiencia de los procesos y tareas de tal forma que se crean tecnologías sostenidas (Jardon y Dasilva, 2017). Por otra parte, las capacidades y el compromiso con el liderazgo ambiental de los directivos pueden influir en la promoción de prácticas ambientales (Boiral, *et al.*, 2014).

  Por su parte, la protección medioambiental construye en las personas algo que les *genera* valor, es decir, es algo positivo. Todo aquello que *genere valor* se traduce en un comportamiento pro ambiental, esto es: *"...aquella acción que realiza una persona, ya sea de forma individual o en un escenario colectivo, en favor de la conservación de los recursos naturales y dirigida a obtener una mejor calidad del medio ambiente, siendo estas acciones de carácter deliberado y competente y formando parte de un estilo de vida, implicando intención previa a realizarlos..."* (González-Mejía y Rojas, 2017).

- El capital estructural verde o ecológico, son los valores de las capacidades organizacionales, compromisos organizacionales, sistemas de gestión del conocimiento, filosofías de gestión, cultura organizacional, imágenes de empresa, patentes y derechos de copia y marcas, sobre la protección del medio ambiente o la innovación ecológica dentro de una empresa. La cultura corporativa debe estar involucrada con los recursos naturales del país y su conservación como fuente de riqueza futura, ya que las normas sociales son cruciales para los comportamientos pro-ambientales. Por su parte, el capital estructural verde, es un factor clave para la capacidad de la empresa para mantener la competitividad a largo plazo (Yahya, *et al.*, 2015)

- Capital relacional verde o ecológico, son las interacciones de una empresa con los clientes, proveedores, empleados y socios a través de la gestión ambiental. Esta dimensión del capital implica el conocimiento incorporado en los canales de comercialización, es decir, es un vínculo con el "proveedor verde", los "clientes ecológicos" y otras partes interesadas. (Yahya, *et al.*, 2015)

Figura 3.3 Dimensiones del capital intelectual verde

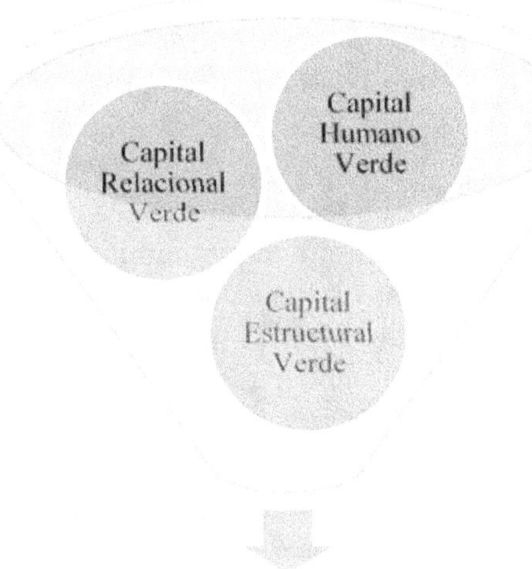

Capital Intelectual Verde

Fuente: Elaboración propia a partir de Chen (2008)

El Capital Humano es la piedra angular en la era del conocimiento (Madrigal, 2009) y es la dimensión más representativa del capital intelectual ya que es el medio para capitalizar conocimiento y gestional el propio capital intelectual. Por ejemplo, cuando la organización capacita a sus empleados, comparte el conocimiento relacionado con la protección ambiental y facilita el intercambio de información entre ellos, incrementa el capital humano verde.

A su vez, las mismas dimensiones del capital intelectual verde están interrelacionadas entre sí, sugiriendo que el capital humano y el capital estructural aumentan la preocupación medioambiental a través del capital relacional (Sachs y Rühli, 2011). El capital relacional es un mediador del efecto del capital humano y del capital estructural sobre la preocupación ambiental, ya que la calidad de las relaciones con los actores externos facilita el desarrollo, la selección y el despliegue de iniciativas de cambio interno.

Las investigaciones recientes, afirman que la conciencia ambiental de las empresas, tiene influencia positiva en el capital humano, relacional y estructural (Ching-Hsun y Yu-Shan, 2012). Hoy en día la gestión ambiental desempeña un papel fundamental para las empresas ya que los impactos sobre el ambiente tienen que ver con acciones que se definen en un nivel cotidiano, individual y grupal; por lo tanto, un conjunto de comportamientos producen cambios en las condiciones del planeta en el corto, mediano y largo plazo.

Un sistema de gestión medioambiental proporciona una infraestructura para la mejora continua hacia la sostenibilidad de las empresas y la estrategia verde ayuda a las empresas a tomar decisiones que tendrían efectos positivos sobre el medio ambiente

Las empresas, si así lo desean, pueden aumentar la productividad de los recursos a través de la innovación verde para ir a la par con los costos ambientales. Además, las compañías que desarrollen innovación tecnológica disfrutarán de ser las primeras pioneras y tener precios más altos para los productos verdes, esto con la finalidad de mejorar la imagen corporativa, vender sus tecnologías ambientales o servicios, e incluso para crear nuevos (Porter y Van Der Linde, 1995). Los productos ecológicos suelen percibirse como de mayor calidad, por lo que consumidores están dispuestos a pagar un sobreprecio de hasta el 20% (Manget, *et al.,* 2009), como consecuencia del desarrollo de productos ecológicos, las empresas tiene posibilidad de entrar a nuevos segmentos de mercado y, aumentar o mantener su participación (Avagyan, *et al.,* 2011).

El capital intelectual se está convirtiendo en un elemento importante para evaluar el desarrollo organizacional sostenido (Satolo y Simon, 2015) ya que incluye normas y valores éticos de los trabajadores y gerentes de las empresas. Las normas sociales y personales desempeñan un papel crucial para los comportamientos pro-ambientales.

Conclusiones

Los cambios constantes en el medioambiente, las tecnologías, los mercados exigentes y los competidores crean la necesidad de reconfigurar el capital intelectual de las empresas y hace más tangible la necesidad de adaptación ante las exigencias evolutivas de los clientes y las estrategias de los competidores. De igual forma, resulta imperante que las empresas aprendan a pensar más allá de las limitaciones de los marcos tradicionales, creando una ventaja competitiva única y valiosa con capacidad de sostenimiento y adaptación ante los nuevos retos mundiales.

El capital intelectual verde es un tema complejo y aún fértil para su estudio, sin embargo, hay pautas indiscutibles que pueden ayudar a las organizaciones a mejorar su rendimiento empresarial a través de la propia gestión medioambiental, tales como: la acumulación de capital humano hace empleados valiosos y aumentará el valor de la compañía, el capital relacional facilita la cooperación en grupo y forma acciones colectivas, y por último, el capital estructural permite la operación eficiente de una organización y ayuda a la adaptación de situaciones nuevas.

Por su parte, acciones encaminadas a la protección ambiental mejora la eficiencia de la producción, minimiza el desperdicio y la contaminación, así como, beneficia la imagen corporativa y crea ventajas competitivas valiosas.

Capítulo IV. La regulación medioambiental en el estado de Hidalgo vinculado a las empresas exportadoras hidalguenses

Introducción

El gobierno mexicano se ha comprometido a dar cumplimiento a los lineamientos internacionales medioambientales, por un lado porque es una norma imperativa internacional y por otro lado porque el daño al planeta es cada día más severo. México ha insertado las políticas internacionales en sus políticas nacionales de tal forma que la legalidad de las acciones está habilitada para que se cumplan y se hagan cumplir. Adicionalmente México ha tenido que crear toda una plataforma de estrategias, instancias y medidas para mitigar y/o controlar las emisiones de CO2, de tal forma que el país mantenga sus indicadores y a su vez no incremente su contribución a nivel internacional.

De acuerdo a la Estrategia Nacional del Cambio Climático, el gobierno mexicano ha establecido dos pilares fundamentales que son la adaptación y el desarrollo bajo en emisiones CO2. Asimismo el gobierno mexicano ha trazado sus políticas medioambientales para llevar a cabo esta estrategia, en la que interviene toda una infraestructura de planeación e instancias para ejercer acciones. Adicionalmente, se cuenta con la Ley General del Cambio Climático que ha regulado un Sistema Nacional para que tanto sociedad, gobierno y sectores productivos estén involucrados en vincularse para la operación de las estrategias.

Por lo tanto y de acuerdo al Sistema Nacional para el Cambio Climático, es imprescindible que tanto los Estados, Municipios y Cd. de México, tengan la corresponsabilidad y obligación en la implementación de las acciones. Es por ello que se ha determinado ejecutar este análisis al Estado de Hidalgo con la finalidad de visualizar que los lineamientos en política medioambiental, la infraestructura y la legalidad adquiridos por México están siendo transferidos, adjudicados y aplicados en Hidalgo así como su relación en todos sus campos, es decir, en la sociedad, sectores productivos e instancias gubernamentales.

En este apartado se analiza, la plataforma estatal en sectores económicos, el comercio exterior, la contribución del Estado respecto a las emisiones de CO_2, así como las medidas y acciones que el gobierno hidalguense ha aplicado y pretende aplicar en el período 2016-2024. También se presenta un estudio realizado exclusivamente para conocer si las empresas exportadoras hidalguenses están acatando la normativa medioambiental y con ello verificar que realmente las políticas establecidas por el gobierno mexicano se aplican dando cumplimiento al esquema de certificación medioambiental.

Generalidades del Estado de Hidalgo

El Estado de Hidalgo es uno de los 32 Estados de la República Mexicana y de acuerdo con el Anuario estadístico y geográfico de Hidalgo 2016, cuenta con una extensión que representa el 1.1% del territorio nacional dividida entre los 84 municipios que lo conforman. A su vez, el Estado cuenta con una población total de 2'858,359, que representan el 2.4% de la población total del país y de las cuales la mayoría son mujeres con el 52.10%.

El PIB Nacional recibe una participación del Estado de Hidalgo que corresponde al 1.6%, y los principales sectores que generan dicha participación son la industria manufacturera, el comercio, servicios inmobiliarios y alquiler de bienes muebles e intangibles.

El Estado cuenta con 98,567 unidades económicas y emplea a 311,226 personas. El municipio con la mayor concentración de unidades, es la propia capital del Estado, es decir Pachuca de Soto, con un total de 17,632 unidades y posteriormente Tulancingo de Bravo con 8,881 unidades.

La actividad económica de los años noventa en el Estado prácticamente se debió al sector manufacturero, sin embargo el sector descendió por la contracción del sector, igualmente las importaciones tuvieron el mismo comportamiento. A partir del nuevo milenio, las exportaciones se manifiestan en vehículos automóviles y tractores, algodón, prendas de vestir y tejidos. Otros productos como materiales para vías férreas, caucho y sus derivados, fibras sintéticas y manufacturas de piedra, yeso, cemento y otros minerales (INEGI, 2004).

Por otra parte, los apoyos del Gobierno Hidalguense por impulsar la exportación se reforzó con programas mediante la creación de instancias como la Corporación Internacional Hidalgo (COINHI) que dio atención en el período 2005-2007 a 209 empresas en 42 municipios del Estado. El impacto fue la exportación de 19 empresas con aproximadamente una derrama económica de 30 millones de pesos, esta actividad se pudo efectuar por la actitud de los empresarios en la adecuación de sus productos que les permitieron incrementar sus ventas.

Este mismo modelo se ha vertido en las PYMES con el propósito que se inserten en los mercados externos y que su crecimiento les vaya otorgando a ser grandes empresas, sin embargo esta es una labor que preside una serie de programas estatales involucradas en el Plan Estatal de Desarrollo (PED) ya que se requiere una serie de medidas y de apoyos no solo de oportunidades sino también de financiamiento y de cambios estructurales en las propias empresas.

Derivado de lo anterior, se inicia el Programa Estatal de Fomento a las Exportaciones 2005-2011 en el que se establecen acciones y directrices incluidas en el PED del mismo período, en el que se especifican los ejes estratégicos para el desarrollo de exportaciones. Igualmente se asienta que la globalización ha generado una mayor interdependencia y competencia en el ámbito de los mercados internos y externos, para poder competir se requiere de información, capacitación, promoción y facilidades en comercio exterior.

Actualmente y de acuerdo a INEGI (2015) el Estado de Hidalgo se constituye bajo los siguientes indicadores sectoriales, el sector terciario es el que genera mayor ingreso con el 52% que lo constituyen el comercio en automotriz, industria alimentos y bebidas, industria textil, manufactura, química y servicios inmobiliarios. El sector primario abarca el 44% con agricultura, ganadería, pesca, minería y petróleo ocupando el octavo lugar a nivel nacional. Asimismo el sector secundario logra el 4% ubica al estado en el quinto lugar a nivel nacional por su contribución de energía, refinación, industria cementera y refinación- distribución de hidrocarburos; el aporte relevante es la manufactura, industria alimentaria, fabricación basados en minerales no metálicos así como la industria de la construcción (SEMARNAT, 2016).

La gráfica 4.1 muestra la contribución de cada uno de los sectores económicos del Estado y su contribución al PIB en el año 2012, en donde se observa que la mayor contribución se obtiene de la industria manufacturera, seguido del comercio y los servicios.

Gráfica 4.1 Distribución del PIB por sector de actividad económica para el año 2012 Estado de Hidalgo

Fuente: Programa de Gestión para mejorar la calidad del Aire del Estado de Hidalgo- Proaire

Los principales sectores objeto de exportación son: minería e industria manufacturera, a su vez, los subsectores son: fabricación de insumos textiles y acabado de textiles, fabricación de productos derivados del petróleo y del carbón, y, finalmente equipo de transporte.

El comercio, al ser una de las actividades principales del Estado, ha tenido mayor auge en los últimos años, sobretodo en el mercado externo, puesto que representa una importante opción para el desarrollo y crecimiento empresarial.

Igualmente el Estado mediante la Secretaría de Desarrollo Económico (SEDECO) está involucrado en proporcionar a las empresas tanto exportadoras, no exportadoras y a emprendedores a insertarse en los mercados externos con mejor productos, servicios, conocimiento y aspectos clave para generar estructuras de cadenas de suministro, rutas logísticas y costos con la finalidad de ser competitivos y productivos mediante la calidad, regularidad, cantidad y precio con lo que se pueda obtener nuevos mercados. Esta plataforma de apoyo va dirigido principalmente a empresas agroindustrial, metal-mecánico y textil vestido ya que es la vocación del Estado, pero no descarta la plataforma para todo el empresario que quiera incursionar en los mercados ubicados en Norte, Centro y Sudamérica (SEDECO, 2016).

Se puede observar que la vocación del Estado en comercio exterior siempre ha estado basada en la diversa manufactura y el transporte que a pesar de los apoyos e incentivos otorgados por el gobierno hidalguense, el sector exportador requiere de mayor impulso por parte del empresario relacionado con la adecuación de los productos. Las pequeñas y medianas empresas requieren de mayor incentivo para que puedan mantenerse en el mercado nacional y puedan aspirar a ser exportadoras. A pesar de ello, es un sector relevante que sigue siendo observado por el gobierno e intensificado en acciones ya que esto se traduce en empleos y mejora en la vida cotidiana de los hidalguenses.

El manejo del medioambiente en el Estado de Hidalgo

Las políticas nacionales ambientales ancladas a las disposiciones internacionales, obligan a todo México a estar involucrado en las acciones del cuidado medioambiental, el Estado de Hidalgo es también parte del territorio por lo que debe de implementar los objetivos nacionales en su política estatal. De acuerdo a Sarukhán, *et al.* (2012), es requerimiento indispensable que se lleven a cabo estrategias a nivel mundial en el ámbito sustentable.

El Estado de Hidalgo por su propia ubicación geográfica, se distingue por tener un clima húmedo, frío y de viento constante, aun así es contribuyente en las Emisiones de CO2 por sus propias actividades. Ha sido importante la implementación de la instancia dedicada a medir las emisiones, de tal forma que se establece el Inventario de Emisiones a nivel nacional y que a su vez es implantado como instrumento de medición en el Hidalgo.

El inventario del 2011, fue establecido en diversas mediciones tales como; fuentes fijas a instalaciones en un solo lugar y representadas por operaciones o procesos industriales durante el proceso de combustión o fugitivas; fuentes de área consideradas a la combustión y evaporación en algún parte del proceso que pueden ser emisiones domésticas, comerciales, servicios, ganado, fertilizantes, pesticidas y /o agrícolas; fuentes móviles contempladas en el transporte, maquinaria agrícola y locomotoras; fuentes naturales como compuestos orgánicos volátiles (COV) por la vegetación, óxidos de nitrógenos (NOx) por descomposición de materia orgánica en los suelos o erosión eólica (Proaire, 2011).

Los resultados de cada contaminante se representa en el cuadro 4.1 donde se refleja que el mayor contaminante son las fuentes móviles es decir, el transporte y maquinaria agrícola y locomotoras, seguido de las fijas que corresponden a las establecidas en un solo lugar en procesos industriales que prácticamente corresponden a las empresas y/o industria.

Cuadro 4.1 Emisiones por tipo de fuente en el Estado de Hidalgo 2011

Fuente	Estimaciones totales (t/año)						
	PM_{10}	$PM_{2.5}$	SO_2	CO	NOx	COV	NH_3
Fijas	16,656	9,73	216,13	10,996	32,316	6,309	334
Área	16,888	13,058	1,004	88,722	14,873	102,311	24,284
Móviles	1,173	1,117	94	259,751	34,616	21,282	313
Naturales	231	54	N/A	N/A	8,142	139,088	N/A
Total	**34,949**	**23,96**	**217,228**	**359,469**	**89,948**	**268,99**	**24,931**

Fuente: Proaire (2011)

Por otra parte, Proaire (2011) identifica los contaminantes por municipio principalmente provienen de Pachuca, Tulancingo, Tizayuca y Tepeji del Río por combustión vehicular; Tula de Allende por energía eléctrica, complejo químico, fabricación de productos a base de minerales no-metálicos, cemento, cal y concreto; Atotonilco por actividad industrial; Huejutla de Reyes y San Felipe Orizatlán por combustión doméstica, agrícola, labranza y actividades extractivas; Huichapan por la extracción de cantera.

Derivado de estos indicadores, el gobierno del Estado inserta la instancia del Sistema de Monitoreo Atmosférico (SIMAEH), el cual está constituido por estaciones de monitoreo automático y manual, laboratorios, centros de vigilancia y áreas de validación de datos. Este sistema se implementa con el propósito de medir la calidad del aire, concentraciones de contaminantes, informar a la sociedad hidalguense dando cumplimiento a las Normas Oficiales Mexicanas. Para 2016 esta instancia ha logrado instalar 11 estaciones fijas de monitoreo automático, en 2015 se obtuvieron 8 estaciones de monitoreo manual.

Estos asentamientos han dado cumplimiento a los lineamientos indicados por la SEMARNAT atendiendo a la NOM-156-2012 la cual monitorea los indicadores de emisiones superiores a 20 mil toneladas al año de contaminación, conurbaciones, actividad industrial, centro de cómputo, personal capacitado, información meteorológica. Adicional a los trabajos realizados por la SEMARNAT, este Sistema fue evaluado por el Instituto de Ecología y Cambio Climático (INECC) en 2013.

Adicionalmente a estos indicadores, hay que considerar de manera relevante el crecimiento de la población, tomando en cuenta que a mayor población, mayor es el consumo y la tenencia de servicios. La gráfica 4.2 nos muestra que el crecimiento poblacional en el período 1990-2015 ha sido de casi 1 millón de habs., tomando en cuenta que en los intervalos de cada 5 años incrementa entre 180,000 a 300,000 mil habs.

De acuerdo al Consejo Estatal de Población (COESPO 2017), la población estimada para 2017 es de 2 947 206 habs., por cada 100 habs., el crecimiento es de 1.2 personas y los municipios más poblados son Pachuca, Tulancingo, Tizayuca, Huejutla y Tula de Allende, estos indicadores permite observar los lugares en donde hay que monitorear constantemente el incremento de emisiones de CO_2.

Gráfica 4.2 Población del Estado de Hidalgo 1990-2015

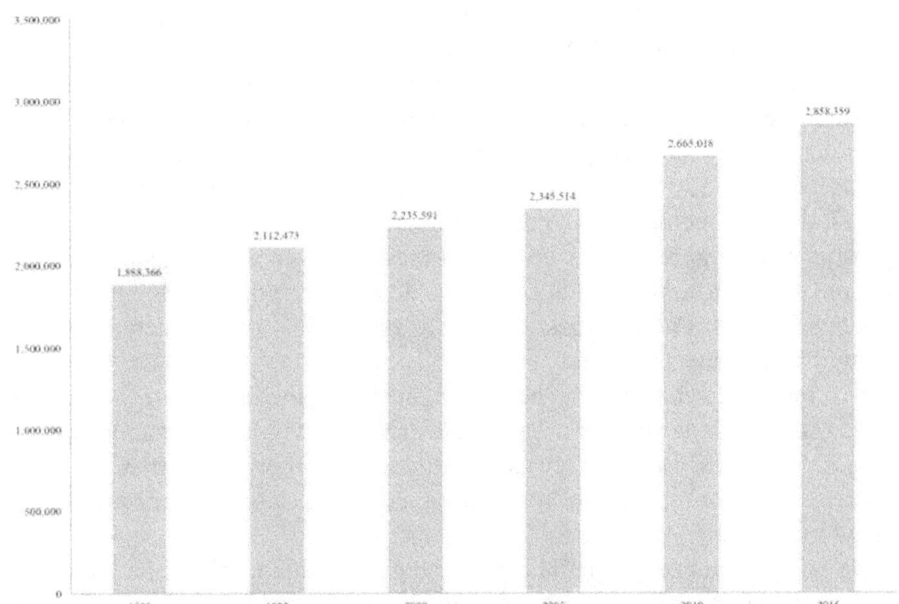

Fuente: Elaboración propia con datos de INEGI

El crecimiento poblacional observado de 2015 al 2017 ha sido de casi 90 mil habs., que si consideramos la media de 5 años, al 2020 se tendrá una población de 225 mil habs., sumando esta cifra, entonces la población proyectada para 2020 será aproximadamente de 3 125 000 millones de habs., esta proyección se reflejará, como se dijo anteriormente, en más consumo y servicios para atender a la población.

97

De acuerdo a esta problemática medioambiental en Hidalgo, las estrategias del gobierno para regular controlar y o mitigar las emisiones CO2, adicionalmente de la implcmcntación del Sistema de Monitoreo son; implementar programas de Gestión de la Calidad del Aire, actualizar la normatividad medioambiental estatal, establecer alianzas con las diversas instancias para realizar acciones conjuntas así como involucrar a la sociedad en el conocimiento de las prácticas sostenibles y acciones con las que se pueda seguir monitoreando tanto a la industria como a la población.

Para poder lograr avances medioambientales, la planeación del gobierno del Estado mediante Proaire (2016-2024) ha contemplado estrategias que den cumplimiento a los programas establecidos tales como; reducir las emisiones provenientes de fuentes móviles, fuentes fijas y fuentes de área así como de fortalecer la institucionalidad. Para la reducción de emisiones se han contemplado la medida de fortalecer los siguientes programas; Programa de Verificación Vehicular Obligatoria (PVVO), programa de diagnóstico ambiental automotriz, en Hidalgo mediante transporte urbano en la sustitución de vehículos. La OMC (2013) indica que el transporte también es objeto de una atención cada vez mayor por su contribución a las emisiones de carbono.

Igualmente se tiene contemplado la modernización de las instalaciones de las Termoeléctrica ubicada y el aprovechamiento de los residuales de la Refinería ambas ubicadas en Tula de Allende. Por otra parte, la reducción de emisiones provenientes de las industrias cementeras, caleras, bancos de materiales pétreos mediante diagnósticos fidedignos de sus contaminantes para verificar el avance de control. Asimismo se busca fomentar los esquemas de certificaciones ambientales estatales, autorregulación a las actividades en obras estatales así como la actualización de la normatividad medioambiental.

De la misma forma, apoyar al sector ladrillero mediante nuevas tecnologías, el manejo de residuos sólidos urbanos y especiales, vigilar las quemas agrícolas e incendios forestales. Reforzar el uso de fuentes de energía alternativa. Asimismo fortalecer el sector educativo respecto a corresponsabilidad medioambiental y desarrollo sostenible.

Toda esta planeación de medidas y estrategias para la implementación de mitigar y/o controlar las emisiones de CO2 requiere de toda una gama de instituciones involucradas para que se generen los avances planeados. Las dependencias gubernamentales que están en el fortalecimiento de acciones son la SEMARNAT, Comisión Ambiental de la Megalópolis (CAMe), Red de Centros de Verificación, Secretaría de Transporte, Secretaría de Obras Públicas y Ordenamiento Territorial, CFE, PEMEX, CANACEM, Protección al Medio Ambiente (PROFEPA), Procuraduría Estatal de Protección al Ambiente (PROESPA), Comisión Nacional Forestal (CONAFOR), SAGARPA, Secretaría de Desarrollo Agropecuario en Hidalgo

(SEDAGROH), Cámaras de la Industria, INFONAVIT, FOVISSTE, Secretaría de Desarrollo Social (SEDESOL), INECC, Secretaría de Salud y finalmente el sector educativo mediante la participación de Instituciones de Educación Superior ed Investigación.

Adicionalmente a toda esta plataforma institucional, es necesario contar con el financiamiento para que las acciones puedan ponerse en marcha en tiempo y forma y lograr lo que se requiere en baja de emisiones de CO_2. Por lo que, el gobierno del estado ha especificado la elaboración de proyectos que sean sometidos a los Organismos Internacionales en materia económica, tales como el Banco Interamericano de Desarrollo (BID), el BM y el Banco Japonés de Cooperación Internacional (JBIC) quienes estarán revisando, avalando y financiando los proyectos presentados por el gobierno mexicano.

Independientemente de toda esta infraestructura de programas, proyectos, financiamiento es relevante reconocer que la modernización del Estado también requiere de Transferencia de Tecnologías, capacitación técnica así como de asirse de capital humano especializado; estas tres especialidades tendrán que ser insertadas en la industria, en instancias gubernamentales y en las empresas.

Finalmente y de acuerdo a Arto, Rocca, y Serrano (2011) señalan que para responsabilizar la contaminación es el enfoque "territorial", en otras palabras, los Estados son responsables de la generación de contaminantes en su región. Como limitación de este enfoque es el compromiso ante el comercio internacional. Ya que las emisiones generadas por los países son consecuencia del comercio, tanto de exportaciones como de sus importaciones.

Sarukhán, *et al.* (2012) comentan que los principales aspectos que provocan el cambio climático, generan la problemática a nivel nacional en aspectos de pobreza, desigualdad tanto económica como social.

Aspectos relevantes en la estructura de análisis bajo un instrumento de medición.

Tal como lo indica Mendoza y Garza (2009), consideran que la medición es indispensable para determinar si las causas que originan el objeto a investigar, tenga sentido.

La medición se considera como el proceso de seleccionar datos que involucran la clasificación y cuantificación de los mismos, con la finalidad de determinar aspectos teóricos propios de la investigación (Carmines & Zeller, 1979)

99

Las escalas son instrumentos de medición que comprenden un conjunto de ítems y estos ítems permiten identificar distintos niveles de las variables teóricas. Estos instrumentos de medición ayudan a comprobar, lo que la teoría busca explicar en fenómenos existentes que no son visibles, pero que influyen en la conducta (Mendoza & Garza, 2009).

Por lo tanto, para desarrollar la investigación acerca de las empresas hidalguenses y su apego a la normatividad medioambiental, fue necesario crear un cuestionario con los ítems más representativos de una cultura verde organizacional.

Etapa 1

Dentro de esta etapa se obtuvo información indispensable para la elaboración del instrumento de medición.

En esta se revisó el PND 2013-2018, así como del Programa sectorial PROMARNAT 2013-2018, el cual prevé una serie de objetivos, estrategias, así como líneas de acción e indicadores que se alinea a la meta nacional de México Prospero. Dentro este se abordan conceptos como economía verde, economía ambientalmente no sustentable, resiliencia entre otros, que fueron utilizados dentro del cuestionario.

Además se realizó la consulta a las normas oficiales mexicanas e internacionales en este caso las ISO. Las cuales se muestran en el cuadro 4.2.

Cuadro 4.2 Normatividad Internacional y Nacional en materia medioambiental

NORMAS CONSULTADAS		
NOM-045-SEMAR-NAT-2006	Vehículos en circulación que usan diesel como combustible.- Límites máximos permisibles de opacidad, procedimiento de prueba y características técnicas del equipo de medición.	Protección ambiental
NOM-003-SEMAR-NAT-1997	Que establece los límites máximos permisibles de contaminantes para las aguas residuales tratadas que se rehúsen en servicios al público.	Protección ambiental
NOM-001-SEMAR-NAT-1996	Que establece los límites máximos permisibles de contaminantes en las descargas de aguas residuales en aguas y bienes nacionales.	Protección ambiental

NOM-041-SEMAR-NAT-2015	Que establece los límites máximos permisibles de emisión de gases contaminantes provenientes del escape de los vehículos automotores en circulación que usan gasolina como combustible.	Protección ambiental
NOM-043-SEMAR-NAT-1993	Que establece los niveles máximos permisibles de emisión a la atmósfera de partículas sólidas provenientes de fuentes fijas.	Protección ambiental
NOM-076-SEMAR-NAT-2012	Que establece los niveles máximos permisibles de emisión de hidrocarburos no quemados, monóxido de carbono y óxidos de nitrógeno provenientes del escape, así como de hidrocarburos evaporativos provenientes del sistema de combustible, que usan gasolina, gas licuado de petróleo, gas natural y otros combustibles alternos y que se utilizarán para la propulsión de vehículos automotores con peso bruto vehicular mayor de 3,857 kilogramos nuevos en planta.	Protección ambiental
NOM-085-SEMAR-NAT-2011	Contaminación atmosférica-Niveles máximos permisibles de emisión de los equipos de combustión de calentamiento indirecto y su medición.	Protección ambiental
NOM-137-SEMAR-NAT-2013	Contaminación atmosférica.- Complejos procesadores de gas.- Control de emisiones de compuestos de azufre.	Protección ambiental
NOM-166-SEMAR-NAT-2014	Control de emisiones atmosféricas en la fundición secundaria de plomo.	Protección ambiental
NOM-002-SEMAR-NAT-1996	Que establece lo límites máximos permisibles de contaminantes en las descargas de aguas residuales a los sistemas de alcantarillado urbano o municipal.	Protección ambiental
NOM-161-SEMAR-NAT-2011	Que establece los criterios para clasificar a los Residuos de Manejo Especial y determinar cuáles están sujetos a Plan de Manejo; el listado de los mismos, el procedimiento para la inclusión o exclusión a dicho listado; así como los elementos y procedimientos para la formulación de los planes de manejo.	Protección ambiental

Fuente: Elaboración propia.

Dentro de la normativa internacional las ISO 14-0001 junto con la ISO 14-064, sirvieron como punto de anclaje para tener una perspectiva internacional. El conjunto de normas analizadas establecen los requerimientos que las empresas deben cumplir en algunos aspectos medioambientales, sin embargo esta regulación no es de manera general. Es el caso de la normativa mexicana que se basa en temas específicos que van de acuerdo al sector empresarial.

Con la información recopilada se elaboraron las preguntas que conformaron el Cuestionario, considerando tanto aspectos generales como específicos de las empresas a las cuáles se les aplicaría dicho instrumento.

Etapa 2

Una vez terminado el primer borrador del Cuestionario, fue presentado a los responsables del proyecto quienes realizaron observaciones como: alineación de las preguntas al proyecto, modificación de términos, restructuración del cuestionario, modificación de preguntas, integración de nuevas preguntas, así como de preguntas encaminadas a capital intelectual. Y en esta misma etapa se realizó la **Validación No.1 del Instrumento de Medición**, la cual consiste en el **Juicio de expertos.**

El juicio de expertos es aquella opinión expresada por individuos que se involucran en el tema a desarrollar, informada de personas con trayectoria en el tema, que son reconocidas por otros como expertos cualificados en éste, y que pueden dar información, evidencia, juicios y valoraciones. Algunos de los requisitos que deben cubrir son propuestos por (Skjong & Wentworth, 2001):

- Experiencia en la realización de juicios y toma de decisiones basada en evidencia o experticia (grados, investigaciones, publicaciones, posición, experiencia y premios).
- Reputación en la comunidad,
- Disponibilidad y motivación para participar,
- Imparcialidad y cualidades inherentes como confianza en sí mismo y adaptabilidad.

Por lo anterior, se consideraron a expertos en la temática con amplia experiencia en publicaciones en revistas de alto impacto, quienes revisaron el instrumento dando su veredicto para la aplicación del mismo.

Al final de la revisión del instrumento denominado "Cuestionario para determinar el apego a las regulaciones medioambientales en el Estado de Hidalgo" se eliminaron preguntas por unanimidad ya que determinaron que no correspondían al objetivo principal del proyecto.

En conclusión, la respuesta de los jueces fue positiva respecto al instrumento y antes de su validación, el instrumento contaba con 61 preguntas de los cuáles fueron descartadas 6, y por ello el cuestionario cuenta con 55.

Durante la exposición se acordó de anexar un cuestionario de capital intelectual que sirviera de base para calcular el capital verde, mismo que había sido, previamente, elaborado por los representantes del área académica de Contaduría. Dicho instrumento fue retomado para hacer adecuaciones pertinentes considerando las generalidades de las empresas hidalguenses y las necesidades del proyecto. Inicialmente contaba con 64 preguntas y, al final fueron aprobadas 36 preguntas.

Etapa 3 Validación del instrumento

Con los primeros resultados de los cuestionarios, se procedió a la validación estadística de los instrumentos de medición mediante el Alpha de Cronbach mediante el software SPSS.

La validez de un instrumento se refiere al grado en que el instrumento mide aquello que pretende medir. Y la fiabilidad de la consistencia interna del instrumento se puede estimar con el alfa de Cronbach; éste asume que los ítems miden un mismo constructo y que están altamente correlacionados (Welch & Comer, 1988). Cuanto más cerca se encuentre el valor del alfa a 1 mayor es la consistencia interna de los ítems analizados.

(George & Mallery, 2003), además establecen los siguientes parámetros para evaluar los coeficientes de alfa de Cronbach.

- Coeficiente alfa >0.9 es excelente
- Coeficiente alfa >0.8 es bueno
- Coeficiente alfa >0.7 es aceptable
- Coeficiente alfa >0.6 es cuestionable
- Coeficiente alfa >0.5 es pobre
- Coeficiente alfa <0.4 es inaceptable

**Tabla 4.1 Resultados estadísticos de fiabilidad
del Instrumento de Medición de Apego
a las Regulaciones Medioambientales**

Alfa de Cronbach	Alfa de Cronbach basada en los elementos tipificados	N de elementos
.536	.348	24

La tabla 4.1 muestra el resultado del instrumento sometido a dicha prueba se ubica dentro de la categoría de "pobre" al obtener **.536,** sin embargo, la prueba es aplicada en las primeras fases de la investigación y, por lo tanto, de acuerdo a (Nunnally, 1967) un valor de fiabilidad de 0.6 o 0.5 puede ser suficiente.

**Tabla 4.2 Resultados estadísticos de fiabilidad del Instrumento
para identificar el Capital Intelectual**

Alfa de Cronbach	Alfa de Cronbach basada en los elementos tipificados	N de elementos
.907	.980	16

El resultado del instrumento sometido a dicha prueba se ubica dentro de la categoría de "excelente" al obtener un coeficiente de 0.907, como se indica en la tabla 4.2.

4.5 Diseño del Instrumento y muestra para estudio estadístico descriptivo

En el apartado anterior se trabajó en la elaboración del instrumento de medición que fuera aplicable a las empresas exportadoras, igualmente se determinó adicionar aspectos que midieran el capital intelectual para desarrollar la temática de capital verde.

Una vez obtenidos los instrumentos de medición para ser aplicados a las empresas exportadoras hidalguenses se procedió a lo siguiente.

Se elabora un cronograma de visitas a las empresas exportadoras, dentro de este programa se prevén las visitas a las empresas, por lo que, se prosigue a la búsqueda de las empresas exportadoras en el Estado de Hidalgo, datos que son relevantes para la medición así como para fundamentar la investigación acerca de las empresas que contribuyen en la emisiones CO2 principalmente en el sector de exportación.

El Gobierno Federal de México ha trabajado en el desarrollo de las empresas mexicanas para incursionar en mercados internacionales, es por ello que ha puesto a disposición de todo público el "Directorio de Exportadores" (DIEX)[1] la cuál es una herramienta disponible en internet que sirve de vínculo entre las empresas que ofrecen y requieren productos y servicios mexicanos con el objetivo de promover la oferta exportable en México. Es un directorio dentro de una plataforma abierta que está actualizada las 24 horas del día y los 365 días del año. Sin embargo, toda actualización (alta, baja, cambio de giro, domicilio, etc.) debe ser realizada por cuenta propia de las empresas exportadoras en cualquier momento.

A partir de lo anterior, se logró integrar una base de datos con las empresas hidalguenses registradas en dicho padrón. Sin embargo, para corroborar dicha información y, en su caso, aumentar el número de empresas, se analizó el documento de investigación escrito por Muñoz, *et al.* (2014), quienes identificaron 32 empresas. Asimismo se consultó la plataforma de ANIERM (Asociación Nacional de Importadores y Exportadores de la República Mexicana, 2016), la cual es una entidad civil que agrupa y representa a importadores y exportadores de una amplia gama de productos y a toda la comunidad vinculada directa o indirectamente con el comercio exterior mexicano, sin embargo, la información contenida ya estaba integrada dentro de la base de datos construida.

Al terminar de consultar diversas las fuentes, se lograron identificar 70 unidades económicas dedicadas a las exportaciones de bienes y servicios dentro del estado. Así mismo, fueron separadas por municipio, tal como se muestra en la siguiente tabla 4.3.

---

[1] Toda empresa que desee formar parte del directorio debe llenar una solicitud que incluye datos como: nombre de la empresa, RFC, Cédula de Identificación Fiscal, número de contacto, dirección y correo electrónico, así como una breve descripción de los servicios o productos que se ofertan.

Tabla 4.3. Empresas Exportadoras Hidalguenses

	Municipio	No. Empresas	%	Personas Físicas	Personas Morales
1	Acatlán	1	1.43%		1
2	Apan	1	1.43%		1
3	Cuautepec de Hinojosa	1	1.43%		1
4	Epazoyucan	1	1.43%		1
5	Huichapan	2	2.86%		2
6	Mineral de la Reforma	8	11.43%		8
7	Pachuca de Soto	15	21.43%	3	12
8	Singuilucan	2	2.86%		2
9	Tepeapulco	9	12.86%		9
10	Tepehuacán de Guerrero	1	1.43%		1
11	Tepeji del Río de Ocampo	3	4.29%		3
12	Tizayuca	12	17.14%		12
13	Tula de Allende	1	1.43%		1
14	Tulancingo de Bravo	11	15.71%		11
15	Zacualtipán	1	1.43%		1
16	Zempoala	1	1.43%		1
Totales		70	100%	70	

Fuente: Elaboración propia.

Así mismo, la gráfica 4.3 muestra la concentración de empresas exportadoras hidalguenses por municipio, destacando Pachuca de Soto, Tizayuca, Tulancingo de Bravo, Tepeapulco (mejor conocido como Ciudad Sahagún) y Mineral de la Reforma.

Gráfica 4.3. Empresas exportadoras de Hidalgo por municipio

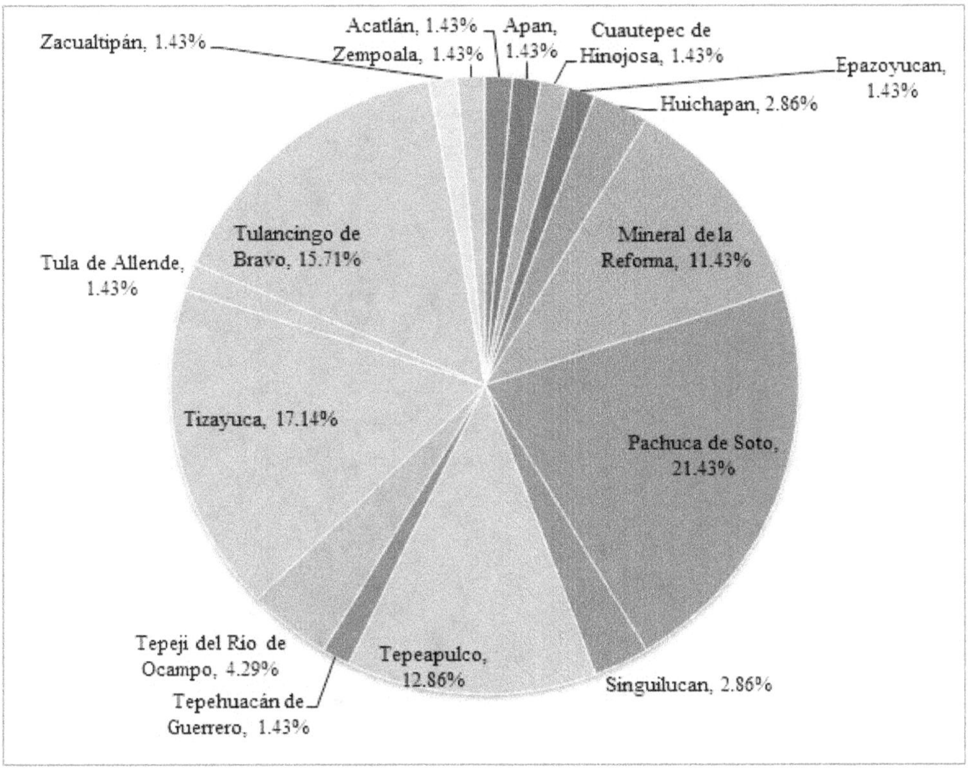

Fuente: Elaboración propia

De la misma forma, se detectaron los municipios con mayor concentración de empresas exportadoras, resaltando Pachuca de Soto, Tizayuca, Tulancingo de Bravo, Tepeapulco y Mineral de la Reforma, sumando un total de 81.43% del 100% las empresas exportadoras hidalguenses reportadas, tal como se muestra en la gráfica 4.4.

Gráfica 4.4. Municipios con mayor número de Empresas exportadoras hidalguenses

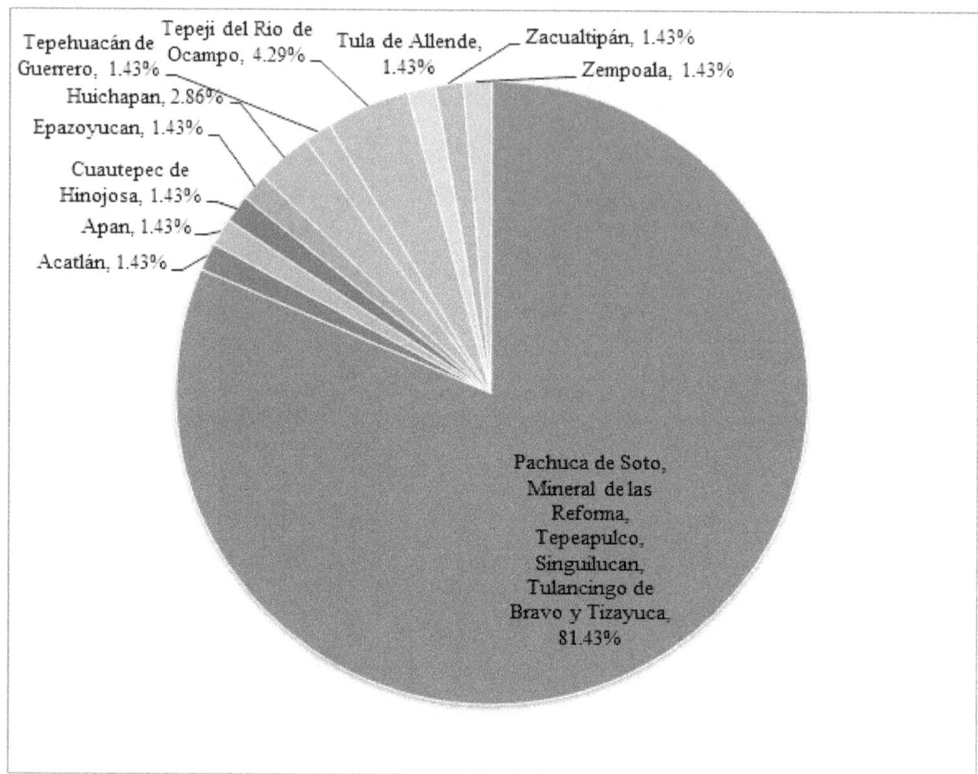

Fuente: Elaboración propia.

Una vez determinada la cantidad y ubicación de las empresas dentro del Estado, se elaboró el cronograma para planear las visitas a las empresas, acordando acudir en conformidad con la cercanía del municipio y el número de empresas dentro de este. Los primeros municipios en ser visitados fueron Pachuca y Mineral de la Reforma, ya que conforman el 31.43% del total de empresas, y en donde se obtuvieron resultados mostrados en la tabla 4.4 y 4.5.

Tabla 4.4 Resumen de resultados obtenidos por municipio

Municipio	Pachuca y Mineral de la Reforma	Tulancingo de Bravo y Singuilucan	Tizayuca	Tepeapulco	Otros municipios
Encuesta contestada	6	3	1	0	
Descartada	16	8	11	5	
Cuestionarios pendientes	1	2	0	0	
Total de empresas visitadas	23	13	12	5	0
Empresas pendientes de visitar	0	0	0	4	13
Total de Empresas	23	13	12	9	13

Fuente: Elaboración propia

Tabla 4.5. Resumen de resultados obtenidos en el Estado de Hidalgo

Respuestas	Subtotal	Total
Encuesta contestada		10
Descartada		40
A) Empresa no localizada	13	
B) Empresa cerrada	0	
C) Empresa no exportadora	4	
D) Empresa exportadora que no permite investigación	3	
E) Sin respuesta	20	
Cuestionarios pendientes de recibir		3
Total de empresas visitadas		53
Empresas pendientes de visitar		17
Total de empresas		70

Fuente: Elaboración propia.

Cabe hacer mención que las empresas que contestaron, estuvieron en la mejor disposición de cooperar y existió mayor índice de respuesta en el municipio de Mineral de la Reforma al albergar empresas industriales en la Zona Parque Industrial CANACINTRA.

Anteriormente fue mencionado que la plataforma del DIEX es actualizada por los empresarios y, mientras ellos cambien su información, los datos proporcionados al registrarse por primera vez, serán los que estarán publicados dentro del padrón electrónico. Por esta razón, la mayor parte de las empresas ubicadas dentro de los municipios de Pachuca y Mineral de la Reforma, tuvieron que ser descartadas al no poder obtener su domicilio oficial o porque hacía un par de años que la empresa discontinuó la exportación y no actualizó la información en la plataforma. Así mismo, una de las unidades económicas fue localizada dentro del domicilio y se mostró en la mejor disposición de cooperar en el desarrollo de la investigación, sin embargo, de acuerdo a las políticas y directrices empresariales, no está permitido realizar investigaciones dentro de su organización.

Por otra parte, algunas empresas quedaron formalmente de agendar una cita con el Director General de la compañía pero no se obtuvo respuesta, por lo tanto, al cabo de un mes sin tener conocimiento de las razones fueron descartadas dichas empresas.

Las empresas que están a nombre de sus propios dueños, es decir, las personas físicas fueron visitadas, sin embargo no se obtuvo resultados positivos ya que las personas físicas son más difíciles de ubicar por la diversidad de personas que existen dentro del estado con el mismo nombre, por otra parte, por cuestiones de inseguridad, resultó impráctico buscarlas. Es por ello que las personas físicas fueron descartadas.

Adicional a lo anterior, se presenta la gráfica 4.5 con las respuestas obtenidas en el sondeo practicado al estado de Hidalgo.

Gráfica 4.5 Resumen de visitas a Empresas exportadoras del Estado de Hidalgo

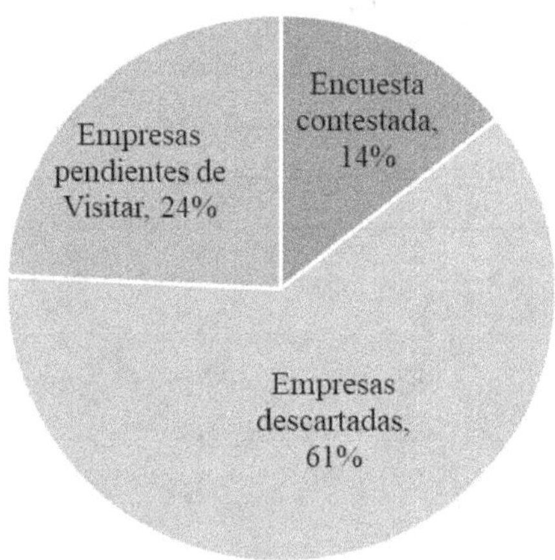

Fuente: Elaboración propia

Resultados de la aplicación del instrumento

Como antes se había mencionado la aplicación de los cuestionarios se comenzó en los municipios de Pachuca y Mineral de la Reforma. Durante la aplicación de los instrumentos de medición se observó que las empresas a las cuales es más difícil acceder son las personas físicas, dado que no permiten el acceso a la información, o se encuentran muy inseguras al momento de proporcionarla.

Entre otras observaciones se pueden resaltar las siguientes.

- Las direcciones erróneas.
- Casas habitación como dirección.
- La mayoría de las empresas morales.

Para lograr el objetivo del estudio de tener un acercamiento a las empresas exportadoras y conocer su actuación respecto a las medidas medioambientales, así como, su capital intelectual. Aunque ha sido complejo e impráctico tener contacto con cada una de ellas, se decidió evaluar la muestra significativa del total de empresas exportadoras hidalguenses (población).

Considerando que una muestra es un subconjunto de la población o colectivo que se investiga, por lo tanto, es una parte del total de la población que reproduce las características del universo, es por ello que el tamaño de dicha muestra debe ser suficientemente representativa para la población (Morrillas, 2007).

Cuando el tamaño de la población es conocido, se dice que se tiene una población finita. Estadísticamente, existen fórmulas para el cálculo de la muestra con una población que cuente con la característica de ser de tamaño conocido.

De acuerdo a (ASEDESTO, s/f), la fórmula es la siguiente:

$$n = \frac{Z^2 * N * p * q}{e^2 * (N-1) + (Z^2 * p * q)}$$

Dónde:

Z= nivel de confianza (normalmente 1.96)

p= porcentaje de la población que tiene el atributo deseado

q= porcentaje de la población que no tiene el atributo deseado (suele utilizarse el 5%)

N= Tamaño del universo o población finita

E= error de estimación máximo aceptable

n= Tamaño de la muestra

Sustitución de datos
Z= 1.96
p= 96%
q= 4%
N= 70
e= 10%

Al sustituir la fórmula, se obtiene:

$$n = \frac{(1.96)^2 * 70 * 96\% * 4\%}{10\%^2 * (70 - 1) + ((1.96)^2 * 96\% * 4\%)} = \frac{10.3262}{0.8375} = 12.32$$

Por lo tanto, el tamaño de la muestra para ser significativa debe ser igual a **12.32**

Al analizar el índice de respuesta obtenida en las visitas practicadas a las empresas exportadoras hidalguenses, resultaron 13 cuestionarios contestados, cantidad que se aproxima a la muestra significativa calculada.

De acuerdo a la obtención significativa de la muestra de las empresas encuestadas, se procedió a la captura de las encuestas en el programa estadístico de SPSS, realizando las pruebas de homosedasticidad y homogeneidad, para obtener resultados fehacientes que nos muestren de una manera descriptiva la actuación de las empresas ante el apego a las medidas y políticas en pro del medioambiente, así como del capital intelectual.

Las encuestas realizadas a las empresas, fueron contestadas por el director general, quien tiene el conocimiento de las actividades exportadoras y medioambientales de las mismas, los resultados generales se dan a continuación.

Tabla 4.6 Tipo de certificación

		Frecuencia	Porcentaje	Porcentaje válido	Porcentaje acumulado
Válidos	Otra	4	30.8	30.8	30.8
	Estatal	2	15.4	15.4	46.2
	Nacional	5	38.5	38.5	84.6
	Internacional	2	15.4	15.4	100.0
	Total	13	100.0	100.0	

El 69.2% de las empresas cuentan con certificación ambiental aunque difieren en el tipo de certificación como se aprecia en la Tabla 4.6

Tabla 4.7 Infraestructura

	Frecuencia	Porcentaje
Cuenta con transporte certificado		
Otra	1	7.7
No	4	30.8
Si	8	61.5
Total	13	100
Infraestructura Tecnológica de punta		
Otra	4	30.8
No	9	69.2
Total	13	100
Capacitación técnica para uso tecnología		
Otra	1	7.7
No	1	7.7
Si	11	84.6
Total	13	100
Cuenta con áreas verdes		
No	2	15.4
Si	11	84.6
Total	13	100
Dispone con sanitarios ecológicos		
No	8	61.5
Si	5	38.5
Total	13	100

De acuerdo con la infraestructura relacionada con el medioambiente, las empresas reportan de un 60% a un 85% de cumplimiento, excepto con los sanitarios ecológicos las cuales solamente cumplen en un 39% como se refleja en la tabla 4.7.

Tabla 4.8 Cultura Ambiental Organizacional

	Frecuencia	Porcentaje
Cuenta con políticas a situaciones de riesgo climatológico para prevenir desastres climatológicos		
No	3	23.1
Si	10	76.9
Total	13	100
Capacitan a los trabajadores para medidas preventivas		
Otra	1	7.7
Si	2	15.4
No	10	76.9
Total	13	100
Cuentan con señalamientos en caso de riesgo ecológico		
Otra	3	23.1
No	3	23.1
Si	7	53.8
Total	13	100
Existen áreas donde se manejen productos peligrosos		
Otra	4	30.8
No	1	7.7
Si	8	61.6
Total	13	100
Dispone de personal calificado para manejo de productos peligrosos		
Otra	4	30.8
No	1	7.7
Si	8	61.5
Total	13	100
Conoce las regulaciones internacionales de medio ambiente		
No	2	15.4
Si	11	84.6
Total	13	100
Ha realizado auditoría medioambiental en los últimos 2 años		
No	3	23.1
Si	10	76.9
Total	13	100

Cuenta con distintivo que acredite una ESR		
No	9	69.2
Si	4	30.8
Total	13	100
Cuenta con una certificación medioambiental		
Otra	1	7.7
No	7	53.8
Si	5	38.5
Total	13	100
Considera que las regulaciones medioambientales favorecen a su empresa en el comercio exterior		
Otra	4	30.8
No	1	7.7
Si	8	61.5
Total	13	100

Como se muestra en la tabla 4.8 las empresas reportan de un 54% a un 77% en el manejo de sus riesgos ecológicos, excepto en la capacitación de los trabajadores en medidas preventivas ya que un 77% no lo lleva a cabo. De igual forma las regulaciones medioambientales no por todas son acatadas aunque reconocen que favorecen al comercio exterior.

Tabla 4.9 Cultura Verde y resiliencia

	Frecuencia	Porcentaje
La entidad está a la vanguardia con políticas medioambientales establecidas por los organismos reguladores		
Otra	2	15.4
No	2	15.4
Si	9	69.2
Total	13	100
Sabe a qué se refiere el término "Huella de Carbono"		
Otra	3	23.1
Si	4	30.8
No	6	46.2
Total	13	100

Alguna vez la ha calculado		
Otra	2	15.4
No	6	46.2
Si	5	38.5
Total	13	100
Cada cuánto tiempo calcula su huella ecológica		
Otra	4	30.8
No	1	7.7
Si	8	61.6
Total	13	100
Cuál es la huella ecológica correspondiente a su producción		
Otra	9	69.2
No	2	15.4
Si	2	15.4
Total	13	100
Cuál es la huella ecológica de su transporte que utiliza		
Otra	10	76.9
No	1	7.7
Si	2	15.4
Total	13	100
Los integrantes de la entidad realizan una correcta separación de desperdicios		
Otra	3	23.1
No	2	15.4
Si	8	61.5
Total	13	100

De acuerdo con la actuación de la organización en cuanto a la cultura verde y resiliencia, se observa que el 69% están apegadas a los organismos reguladores, sin embargo el 46% desconoce la "Huella de Carbono" y su cálculo, es así como solamente el 15% tiene conocimiento de la huella ecológica tanto en su producción como en el transporte. Cabe mencionar que el 62% de las empresas han adquirido la cultura de separar desperdicios tal y como se refleja en la tabla 4.9.

Tabla 4.10 La Organización comprometida con el medioambiente

	Frecuencia	Porcentaje
La entidad cuenta con personal especializado para la investigación en pro de la sustentabilidad		
Otra	2	15.4
No	6	46.2
Si	5	38.5
Total	13	100
La resiliencia forma parte de sus políticas empresariales		
Otra	3	23.1
Si	5	38.5
No	5	38.5
Total	13	100
Considera importante contar con empleados comprometidos con el medio ambiente		
Si	13	100
Total	13	100
Cuenta con manual de políticas amigables con el medioambiente		
Otra	1	7.7
No	2	15.4
Si	10	76.9
Total	13	100
Por apertura de nuevos mercados internacionales toma en cuenta las políticas medioambientales del país de destino		
Otra	1	7.7
Si	12	92.3
Total	13	100
Considera suficientes las medidas medioambientales adoptadas en su organización para su competitividad internacional		
Otra	1	7.7
Si	12	92.3
Total	13	100
Su buena imagen empresarial invita a otras empresas hidalguenses a ser competitivas en el mercado exportador		
Otra	1	7.7
Si	12	92.3
Total	13	100

De acuerdo con la tabla 4.10 las organizaciones solo cuentan con un 38.5 de personal especializado en pro del medioambiente, pero el mismo porcentaje de las empresas no contemplan la resiliencia dentro de sus políticas, sin embargo el 77% cuentan con manual de políticas amigables con el medio ambiente. Por otro lado de un 92% al 100% de las entidades consideran que deben contar con empleados comprometidos con la sustentabilidad así como la apertura en nuevos mercados y ser competitivas en la exportación.

De manera general se muestra en la gráfica 4.6 en el cual se refleja los municipios encuestados y el apego que tienen al medio ambiente, siendo el más alto el de Atitalaquia con un 83% y el municipio de Pachuca con el menor porcentaje de 62%, por lo que se puede decir que aún en Hidalgo no se cubre el 100% de las disposiciones emitidas por organismos nacionales e internacionales.

Gráfica 4.6 Apego a medidas medioambientales

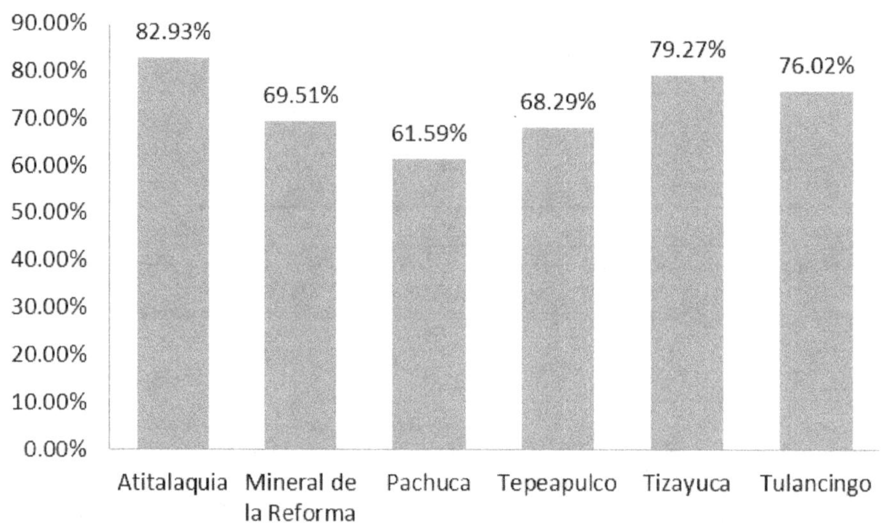

La gráfica 4.7 refleja las encuestas realizadas a los empleados de las organizaciones, en cuanto a su percepción del capital intelectual de la entidad, considerando la clasificación de capital estructural, relacional y humano. Los cuestionarios aplicados reflejan casi los mismos porcentajes para los mismos municipios, asumiendo que existe una estrecha relación entre el empleado y la empresa respecto a medioambiente.

Gráfica 4.7 Capital intelectual

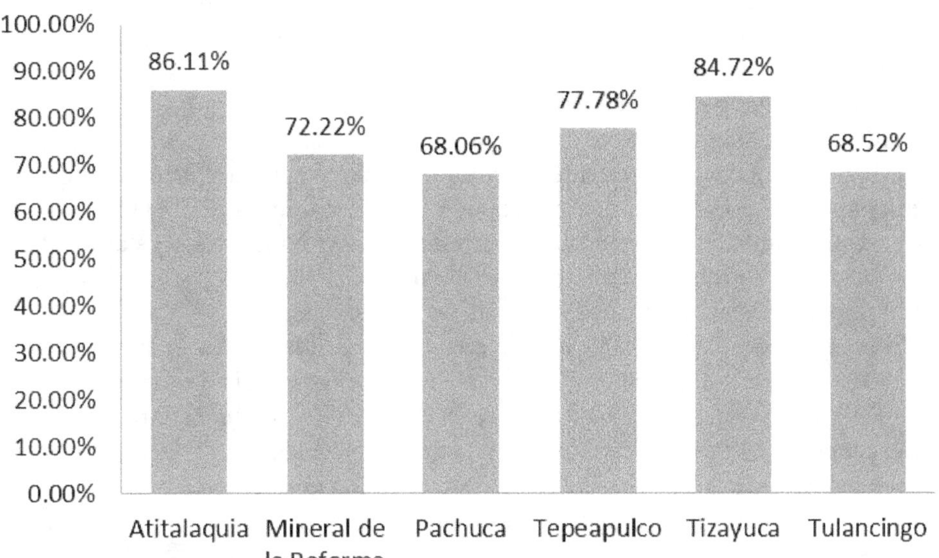

Referente a las gráficas 4.6 y 4.7 se puede determinar que el capital intelectual se hace la reflexión respecto a que el capital intelectual está muy ligado a los procesos medioambientales de la empresa, lo cual significa que es trascendental que los empleados sean cualificados y su desempeño dentro de la empresa se refleje hacia las mejores prácticas. La re expresión de las gráficas para las instancias correspondientes propone que a mayor cultura de capital intelectual son mayores los beneficios dentro de las organizaciones.

Conclusiones

El análisis que se ha venido realizando respecto al comercio y medio ambiente, ha proporcionado una reflexión acerca de todas las plataformas que se han creado para atender tanto las tendencias del comercio internacional como los ajustes en normatividad internacional para enfrentar el fenómeno medioambiental y la atención al desarrollo sustentable.

Los compromisos que tiene México ante la CI, es aplicar la norma hacia políticas internas así como transferirlas al interior del territorio. Para la efectividad de estos lineamientos, el gobierno mexicano ha concretado toda la plataforma para que tanto Estados, Municipios y Cd. de México, den cumplimiento a la regulación al igual que propaguen las políticas medioambientales para que los sectores productivos, sociedad y gobierno cumplan con la norma.

Ante este planteamiento, se ha efectuado el análisis al Estado de Hidalgo, con la finalidad de conocer si realmente se cumplen y se hacen cumplir las regulaciones medioambientales. Primeramente reconocer que la vocación del Estado de Hidalgo no es estrictamente de exportable, las empresas y/o industrias establecidas son principalmente de vehículos, manufactura, extracción, alimentos y bebidas, refinería, calera, cantera, cementera, ladrillera y de servicios.

El gobierno del Estado ha trabajado en la potencialidad de las empresas mediante instancias que se dediquen a motivar a las empresas hacia la exportación, pero solamente hay pocas organizaciones que han tenido los recursos tanto productivos como económicos para insertarse en proyectos exportables. Aun así, el gobierno sigue proporcionando toda la infraestructura para que los empresarios puedan acceder a los mercados internacionales, sobre todo ofrecer este desarrollo y crecimiento a las PyMES, ya que este tipo de empresas son las que requieren de todo esta motivación.

Por otra parte, se muestra el estudio ejecutado para medir el grado de atención que tienen los empresarios exportadores hidalguenses hacia la cultura medioambiental. Para poder llevar a cabo este análisis se tuvo que crear un instrumento, su aplicación y la recopilación de datos. Esta tarea no fue nada fácil ya que se experimentó lo renuente de algunos empresarios por aportar la información a pesar de que se les otorgaron varias opciones para atender al llamado. De los empresarios que aportaron datos se efectuó un muestreo y análisis en el programa especializado SPSS que arrojó indicadores sumamente importantes. Los indicadores recabados muestran que las empresas no atienden al 100% los aspectos de certificación, infraestructura, sanitarios y riesgos ecológicos así como la capacitación a los trabajadores en la cultura medioambiental.

Igualmente se percibe que no hay congruencia en los empresarios cuando no acatan la norma ambiental pero que reconocen que es importante para efectos del comercio exterior. Este aporte brinda una oportunidad al gobierno del Estado a implementar mayor vigilancia e incentivos para que se fortalezcan el cumplimiento de la regulación, sobre todo si los empresarios realmente quieren conquistar mercados internacionales.

Es imprescindible concientizar a los empresarios a atender las políticas medioambientales ya que no solamente influye en el sector laboral sino que también perjudica a la salud y al bienestar familiar. La adaptación es uno de los pilares regulatorios del gobierno mexicano y por tanto es parte integral a consolidar en el Estado de Hidalgo, en consecuencia tanto la sociedad hidalguense como empresarios y gobierno deben atender los lineamientos de mejora medioambiental.

Conclusiones Finales

Esta obra ha permitido analizar el comercio, el medioambiente y el capital verde sujetos a una controversia en el cumplimiento de los ordenamientos internacionales estipulados para generar productividad, competitividad, mejorar las prácticas bajo un desarrollo sustentable y aplicar hacia un capital humano corresponsable con el medio ambiente.

Las políticas comerciales del Siglo XX se designaron con la certeza de que habría un equilibrio entre Norte-Sur, finalmente el libre comercio ha logrado procesos de integración económica en diversas regiones como la UE, el TLCAN, MERCOSUR, APEC, ASEAN todos estos grupos que generan competitividad, estos regionalismos han generado una globalización incesante que ha logrado determinar otra clasificación de los países, actualmente existen los países no desarrollados, los emergentes y los menos desarrollados. Es evidente que la idea que se tenía en los cincuenta era para alcanzar el equilibrio de las economías o al menos la modernización pero al Siglo XXI los países en desarrollo siguen debilitados en tecnología, modernización, capacitación técnica y recursos económicos.

Actualmente las políticas comerciales y los intensiones de las grandes potencias son vincular en un gran Tratado los beneficios de cero aranceles así como de los recursos naturales que aún tienen los PED, de aquí que los acuerdos macro como el TPP y el TTIP, sean dos grandes vertientes que generarán mayor industrialización y competencia en los mercados internacionales.

La acelerada industrialización ha provocado serios problemas en la atmósfera de tal forma que, hoy el planeta este respondiendo con fenómenos nunca antes visto en devastadoras calamidades para la humanidad. A pesar de las acciones efectuadas por la CI en normativas e infraestructura de instancias para poder controlar y/o mitigar la contaminación, aún no se logra bajar las emisiones de CO2 pactadas en el PK.

La problemática incide en que los PED no cuentan con la modernización estructural que les permita accionar a la par con las grandes potencias, ya que adolecen de la innovación y recurso financiero para afianzar sus políticas medioambientales, de hecho se ha convenido en acciones diferenciadas. Si bien es cierto, todos los países a nivel mundial han firmado los acuerdos medioambientales y se han hecho corresponsables de la regulación pero para ellos, los avances son a largo plazo.

Precisamente es el caso de México, la posición de un país en desarrollo que se observa ha aplicado la norma internacional a sus políticas nacionales, que como lo indica el PK, no pertenece a la lista de los países con mayor contribución, pero tiene que aplicar las medidas en control de emisiones CO2. El gobierno mexicano ha efectuado todas las estrategias para implementar políticas medioambientales, desde la legislación hasta crear las instancias gubernamentales que apliquen la regulación, sin embargo y a pesar de los programas y proyectos que ha elaborado, los avances son lentos ya que la modernización del país implica tecnología, capacitación y recurso financiero.

Sin embargo, México enfrenta los fenómenos climatológicos cada vez más severos, desde "El Niño", y "La Niña", huracanes, terremotos y una serie de adversidades que lo recienten su sociedad y sus recursos naturales. En efecto, los PED cuentan aún con recursos naturales y esta es el gran desafío que plantean los organismos internacionales, el peligro a la inseguridad alimentaria.

Por otra parte, el gobierno mexicano ha transferido sus políticas medioambientales a todo su territorio, el caso Hidalgo que se analiza, da cuenta de ello, el gobierno estatal ha planteado una serie de estrategias de monitoreo y análisis de los sectores contribuyentes de emisiones CO2, detectando a la industria, el transporte, la extracción y la construcción. Hidalgo ha implementado programas específicos para considerar la estabilidad de la calidad del aire además de acondicionar todas las instancias involucradas en hacer efectivo tales programas sin embargo los avances están programados en un período del 2018-2024.

Uno de los sectores que impactan en esta planeación es la industria de tal forma que se ha elaborado un estudio a las empresas exportadoras hidalguenses para verificar si consideran la norma. El gobierno estatal ha provisto de las certificaciones que a nivel nacional se otorgan a las empresas que atienden la regulación, el estudio arroja que la mayoría de las organizaciones aplican alguna regulación medioambiental, lo cual inclina al gobierno estatal a reforzar su intervención en las empresas que aún no cuentan con las disposiciones medioambientales.

Como se ha comentado anticipadamente, los avances se reflejarán a largo plazo sin embargo el efecto del calentamiento global sigue avanzado aceleradamente lo cual indica que el fenómeno ambiental rebaza a las acciones humanas. Por lo mismo, los organismos internacionales trabajan arduamente con revisiones mediante la IPCC con la finalidad de corroborar que realmente se están adoptando todas las regulaciones.

Los pilares que México ha diseñado van dirigidos hacia el desarrollo sustentable y a la adaptación del país para enfrentar esta problemática; uno de los rubros relevantes para activar el avance es la construcción del Capital Intelectual. Es imprescindible para las empresas contar con profesionales con conocimientos medioambientales de tal forma que viren a las organizaciones a la aplicación de mejores prácticas, a la generación de conocimiento aportando la tecnología e innovación que se requiere en el país.

En este planteamiento, tanto el gobierno federal como estatal, han implicado al sector educativo para reactivar estos lineamientos mediante la formación de profesionales con capacidades intelectuales apegados al desarrollo sustentable. En este sentido, las Universidades y los Centros de Investigación actualmente trabajan en los modelos específicos de nuevas tecnologías.

La ONU ha expresado que la educación, la tecnología, innovación y el capital intelectual es lo que actualmente está influyendo en el desarrollo sustentable por lo que es un rubro que no se tiene que perder de vista.

Se puede concretar que el comercio y el medio ambiente son un binomio apegados en sus actividades, que se han establecido acciones y regulaciones para afrontar los embates medioambientales y que México sigue comprometido en el seguimiento de la norma, que ha transferido a todo su territorio la legalidad medioambiental. El caso de Hidalgo lo sustenta con su aplicación y su enlace a todos los sectores productivos y de servicios, igualmente que las empresas exportadoras hidalguenses lo consideran como parte de un compromiso pero que a su vez requieren de un capital intelectual que ayude a generar nuevas ideas que se puedan introducir como parte de una mejora continua.

Solamente considerar que los avances en los PED, que es el caso de México son a largo plazo que es necesario financiamiento y apoyo en tecnologías, intentando amortiguar los daños a los ecosistemas y que el planeta siga esperando a la buena voluntad de la humanidad.

Referencias Bibliográficas

Ahmed N.U., M. R., & Firenze, R. J. (1998). Organizational performance and enviromental consciousness: an empirical study. *Management decision , 36* (2), 57-62.

Alvear, C. (2004). *Historia de México* (Segunda ed.). México: Limusa.

Arto, I., Roca, J., & Serrano, M. (2012). Emisiones territoriales y fuga de emisiones: análisis del caso español. *Revista Iberoamericana de Economía Ecológica* (18), 73-87.

ASEDESTO. (s/f). *ASEDESTO, Asesoría y Desarrollo Estratégico Empresarial.* Retrieved 2017 йил 28-11 from asedesto.com/documents/CTMuestra.xls

Asociación Nacional de Importadores y Exportadores de la República Mexicana. (2016). *ANIERM | Asociación Nacional de Importadores y Exportadores de la República Mexicana.* Recuperado el 16 de 12 de 2016, de http://www.anierm.org. mx/directorio.php?v=exportadores

Avagyan, V., Cesaroni, F., & Yildirim, G. (2011). *How firm value reflects green intellectual capital.* Madrid: Universidad Carlos III de Madrid.

Balassa, B. (1961). *The Theory of Economic Integration.* Homewood, Illinois: Richard D. Irwin.

Bancomext. (02 de 1966). *Revistas. Bancomext.gob.mx/rce/magazines/644/1/ RCE1.* Recuperado el 01 de 2018, de http://revistas.bancomext.gob.mx/rce/ magazines/644/1/RCE1.pdf

Bárcena, A., & Prado, A. (2016). *El imperativo de la igualdad. Por un desarrollo sostenible en América Latina y el Caribe* (Primera ed.). Buenos Aires: Siglo Veintiuno.

Barney, J. (1991). Recursos de la empresa y ventaja competitiva sostenida. *Journal of Management , 17* (1), 99-120.

Barriga, J. (2012). *SlideShare.* Obtenido de https://es.slideshare.net/josebarriga1973/ clase-1-el-mundo-en-el-siglo-xix

Boiral, O., Baron, C., & Gunnlaugson, O. (2014). Environmental Leadership and Consciousness Development: A Case Study Among Canadian SMEs. *Journal of Business Ethics , 123* (3), 363-383.

Bolaños, A. (2015). *¿Qué es el TTIP?* Obtenido de El País: https://elpais.com/economia/2015/03/02/actualidad/1425256390_372094.html

Bontis, N. (1999). Managing organizational knowledge by diagnosing intellectual capital: framing and advancing the state of the field. *Int. J. Technology Management , 18*, 433- 463.

British Broadcasting Corporation. (2017 йил 1-Junio). *Por qué Nicaragua es uno de los dos únicos países que se negaron a firmar el Acuerdo de París sobre cambio climático.* From BBC Mundo: http://www.bbc.com/mundo/noticias-internacional-40118400

Carmines, E. G., & Zeller, R. A. (1979). *Reliability and Validity Assesment.* Bevely Hills: Sage Publications.

Chen, Y.-S. (2008). The Positive Effect of Green Intellectual Capital on Competitive Advantages of Firms. *Journal of Business Ethics , 77* (3), 271-286.

Chen, Y.-S., Lai, S.-B., & Wen, C.-T. (2006). The Influence of Green Innovation Performance on Corporate Advantage in Taiwan. *Journal of Business Ethics , 67* (4), 331-339.

Ching- Hsun, C., & Yu- Shan, C. (2012). The determinants of green intellectual capital. *Management Decision , 50* (1), 74-94.

Croitoru, A. (2012). Schumpeter, J.A., 1934 (2008), The Theory of Economic Development: An Inquiry into Profits, Capital, Credit, Interest and the Business Cycle , translated from the German by Redvers Opie, New Brunswick (U.S.A) and. *Journal of Comparative Research in Anthropology and Sociology , 3* (2), 137-148.

De la Dehesa, G. (1994). El Consumo: Importancia Económica y Factores determinantes. *Revista de Occidente* (162), 7-22.

DOF. (3 de Junio de 2013). *ACUERDO por el que se expide la Estrategia Nacional de Cambio Climático.* Obtenido de Diario Oficial de la Federación: http://www.dof.gob.mx/nota_detalle.php?codigo=5301093&fecha=03/06/2013

Edvinsson, L., & Maloone, M. S. (2003). *El Capital Intelectual: Cómo Identificar y Calcular el Valor de Los Recursos Intangibles de Su Empresa* (1 ed.). Bogotá: Norma.

Excelsior. (2017). *México es el décimo país más poblado del mundo: ONU.* Obtenido de Excelsior: http://www.excelsior.com.mx/nacional/2017/06/21/1171150

Expansión. (2014). Obtenido de Datosmacro: https://www.datosmacro.com/energia-y-medio-ambiente/emisiones-co2

Expansión. (2015). *Disminuyen las emisiones de CO2 en México*. Obtenido de Datosmacro: https://www.datosmacro.com/energia-y-medio-ambiente/emisiones-co2/mexico

Expansión. (2008). *Sectores más contaminantes en México*. Obtenido de Expansión: http://expansion.mx/manufactura/actualidad/2008/10/28/sectores-mas-contaminantes-en-mexico

Fernández-Bolaños, A. (2002). *Economía y política medioambiental: situación actual y perspectivas en la Unión Europea*. Ediciones Pirámide.

Ferrando, A. P. (2013). La Ronda Doha de la OMC: Bali 2013. El acuerdo sobre facilitación del comercio. *Instituto de Estrategia Internacional*, 1-33.

Fiejó, T., & De Azevedo, Z. (2006). Comércio e meio ambiente: políticas ambientais e competitividade no âmbito da ALCA. *Economia Aplicada*, *10* (4), 561-587.

García, I. (2016). *Conclusion of the 14th TTIP Negotiation Round*. Obtenido de European Commission: http://trade.ec.europa.eu/doclib/docs/2016/july/tradoc_154811.pdf

George, D., & Mallery, P. (2003). *SPSS for Windows step by step: A simple guide and reference. 11.0 update* (4ta ed.). Boston: Allyn & Bacon.

Global Connections. (s/f). *Principales productos que México exporta al mundo*. From Palos Garza: https://www.palosgarza.com/principales-productos-que-mexico-exporta-al-mundonuevolaredopalosgarza/

Gollás, M. (2003). México. Crecimiento con Desigualdad y Pobreza. En COLMEX, *Documentos de trabajo del Centro de Estudios Económicos, El Colegio de México* (pág. 18).

Gómez Jiménez, J. V., & Maldonado , G. S. (2012). Tendencias de la divulgación de información sobre capital intelectual en Colombia. *Economía Gestión y Desarrollo*, 65-83.

Gómez, M. (2006). *Introducción a la Metodología de la investigación científica*. Argentina: Brujas.

González Mejía, H., & Aramburo Rojas, D. (2017). *La Conciencia Ambiental en Costa Rica* (1 ed.). San José: MINAE- SINAC.

González, M. J. (2008). La Sustentabilidad y su Inserción al Comercio. *Revista Digital Universitaria-UNAM*, *9* (3).

Greeno, J., & Robinson, S. (1992). Rethinking Corporate Environmental Management. *The Columbia Journal of World*, *27* (3/4), 222-232.

Guinart, M. (2005). Integración económica (Un análisis teórico de la integración) . (10).

Ibarra, V. (2007). Hacia un comercio internacional con desarrollo sustentable. *Desafíos*, *16*, 11-28.

INEGI. (2009). *Estadísticas Históricas de México*. Obtenido de Instituto Nacional de Estadística y Geografía: Disponible en: http://www.inegi.org.mx/prod_serv/contenidos/espanol/bvinegi/productos/integracion/pais/historicas10/Tema1_Poblacion.pdf.

INEGI. (2004). *Información Económica Agregada*. Obtenido de Instituto Nacional de Estadística y Geografía: http://internet.contenidos.inegi.org.mx/contenidos/productos/prod_serv/contenidos/espanol/bvinegi/productos/historicos/2104/702825169923/702825169923_30.pdf

INEGI. (2015). *Población*. Obtenido de Instituto Nacional de Estadística y Geografía: http://www.beta.inegi.org.mx/temas/estructura/

Informe Brundtland. (27 de Septiembre de 2006). Obtenido de Desarrollo Sostenible: https://desarrollosostenible.wordpress.com/2006/09/27/informe-brundtland/

IPCC. (1997). *Informe Especial del IPCC. Impactos Regionales del Cambio Climático: Evaluación de la Vulnerabilidad*. Suiza: IPCC.

IPCC. (2016). *Informes de Evaluación*. Obtenido de Intergovernmental Panel on Climate Change: http://www.ipcc.ch/home_languages_main_spanish.shtml#tabs-3

Jardon, C. M., & Dasilva, A. (2017). Intellectual capital and environmental concern in subsistence small businesses. *Management of Environmental Quality: An International Journal , 28* (2), 214-230.

Keohane, R. O., & Borja, A. (2005). *Interdependencia, Cooperación y Globalismo*. México: Centro de Investigación y Docencia Económicas. Colección de Estudios Internacionales CIDE México.

Keohane, R., & Nye, J. (1977). *Power and interdependence*. Boston: Little, Brown.

Khor, M. (2011). Los fundamentos del "desarrollo sostenible". *Informe sobre políticas* (6), 1-27.

Knight, A. (1985). El liberalismo mexicano desde la Reforma hasta la Revolución : una interpretación. *Historia Mexicana, El Colegio de México , 35* (1), 59-91.

Laguna, C. (2002). Fundamentos de la teoría clásica del comercio internacional. *Contribuciones a la Economía* .

Laval, C. (2003). Jeremy Bentham, les artifices du capitalisme. *Presses universitaires de France (PUF), Collection Philosophies* (157), 127.

López-Aymes, J. F. (2016). México y el TPP: una interpretación crítica. *Heinrich Boll Stiftung* , 1-8.

Love, P. (2010). *Fisheries: While Stocks Last?* Paris: OECD.

Lustig, N. C., & Székely, M. (1997). México: Evolución económica, pobreza y desigualdad. *Inter-American Development Bank* , 1-50.

Madrigal Torres, B. E. (2009). Capital humano e intelectual: su evaluación. *Observatorio Laboral Revista Venezolana* , 65-81.

Magaña, V., & Gay, C. (2002). Vlnerabilidad y adaptación regional ante el cambio climático y sus impactos ambientales, sociales y económicos. *Gaceta Ecológica* (65), 7-23.

Manget, J., Roche, C., & Münnich, F. (2009). *An analysis of consumer reactions to green strategies* (1 ed.). Boston: The Boston Consulting Group, Inc.

Manheimer, B. (Dirección). (1986). *Como definir metas y objetivos* [Película].

Mendoza, J., & Garza, J. B. (2009). La medición en el proceso de investigación científica: Evaluación de validez de contenido y confiabilidad (Measurement in the scientific research process: Content validity and reliability evaluation). *Innovaciones de negocios* , 6 (11), 17.32.

Molina- Azorín, J. F., J. Tarí, J., Cláver- Cortés, E., & López- Gamero, M. D. (2008). Quality management, environmental management and firm performance: A review of empirical studies and issues of integration. *International Journal of Management Reviews* , 11 (2), 197-222.

Morrillas, A. (2007). *Muestreo en poblaciones finitas.* Recuperado el 28 de 11 de 2017, de http://webpersonal.uma.es/~morillas/muestreo.pdf

Muñoz Bautista, E., López García, S. E., García González, C., & Vite Gómez, E. E. (2014). Las empresas exportadoras del Estado de Hidalgo y el desarrollo sustentable. Una revisión hacia el ser ESR. *Boletín Científico de las Ciencias Económico Administrativas del ICEA* , 3 (5).

Murillo, C. (2004). Aproximación a los regímenes de integración regional. *Revista Electrónica de Estudios Internacionales* (8).

Naffziger, D. W., Ahmed, N. U., & Montagno, R. V. (2003). Perceptions of environmental consciousness in U.S. small businesses: An empirical study. *Advanced Management Journal;* , 68 (2), 23.

Nahapiet, J., & Ghoshal, S. (1998). Social Capital, Intellectual Capital, and the Organizational Advantage. *The Academy of Management Review* , 23 (2), 242-266.

Nivlouei, F. B., & Khass, E. D. (2014). The role of green intellectual capital management in acquiring green competitive advantage for companies. *International Journal of Management Research and Development* , 4 (2), 41-58.

Nunnally, J. C. (1967). *Psychometric Theory* (1 ed.). New York: McGraw-Hill.

OCDE. (2015). *Estudios económicos de la OCDE México.* Obtenido de Organización para la Cooperación y el Desarrollo Económicos: http://www.oecd.org/economy/surveys/Mexico-Overview-2015%20Spanish.pdf

OCDE. (2012). *México. Mejores Políticas para un Desarrollo Incluyente*. Obtenido de Organización para la Cooperación y el Desarrollo Económicos: https://www.oecd.org/mexico/Mexico%202012%20FINALES%20SEP%20eBook.pdf

OCDE. (2007). *Política Agropecuaria y Pesquera en México. Logros recientes, continuación de la reforma*. Obtenido de Organización para la Cooperación y el Desarrollo Económicos: https://www.oecd.org/tad/agricultural-policies/38778312.pdf

OEA. (1995). Globalizacion y su impacto en el comercio mundial y regional. En *Seminario Interamericano de Infraestructura de Transporte Como Factor de Integración*. Washington, D.C.: OEA.

OMC. (2017). From https://www.wto.org/spanish/tratop_s/sps_s/spsund_s.htm

OMC. (Mayo de 1997). *El nuevo liberalismo: la evolución de la política comercial en los mercados emergentes*. Obtenido de Organización Mundial del Comercio: https://www.wto.org/spanish/res_s/reser_s/ae9707_s.htm

OMC. (2013). Factores que determinan el futuro del comercio. En *Informe sobre el Comercio Mundial 2013* (págs. 44-111).

OMC. (2011). La OMC y los acuerdos comerciales preferenciales: de la coexistencia a la coherencia. En *Informe sobre el Comercio Mundial 2011* (págs. 46-91).

OMM. (24 de Octubre de 2016). *El promedio mundial de CO2 alcanza las 400 partes por millón en 2015*. Obtenido de Organización Meteorológica Mundial: https://public.wmo.int/es/media/comunicados-de-prensa/el-promedio-mundial-de-co2-alcanza-las-400-partes-por-mill%C3%B3n-en-2015

ONU. (7 de Abril de 2016). *22 de abril, ceremonia de firma del Acuerdo de París*. Obtenido de United Nations: http://newsroom.unfccc.int/es/acuerdo-de-paris/22-de-abril-ceremonia-de-firma-del-acuerdo-de-paris/

ONU. (12 de Diciembre de 2015). *Acuerdo histórico sobre el cambio climático en París*. Obtenido de United Nations: http://newsroom.unfccc.int/es/noticias/final-cop21/

ONU. (1972). *Declaración de Estocolmo sobre el Medio Ambiente Humano* . Obtenido de Orden Jurídico Nacional: http://www.ordenjuridico.gob.mx/TratInt/Derechos%20Humanos/INST%2005.pdf

ONU. (10 de Diciembre de 2014). *Fondo Verde para el Clima alcanza 10.000 millones de dólares*. Obtenido de Centro de Noticias ONU: http://www.un.org/spanish/News/story.asp?NewsID=31217#.WleiftThCt8

ONU. (2002). *Informe de la Cumbre Mundial sobre el Desarrollo Sostenible*. Johannesburgo, Sudáfrica.

ONU. (2018). *Paris Agreement*. Obtenido de United Nations: https://treaties.un.org/Pages/ViewDetails.aspx?src=IND&mtdsg_no=XXVII-7-d&chapter=27&clang=_en

Pane Haden, S. S., D. Oyler, J., & Humphreys, J. H. (2009). Historical, practical, and theoretical perspectives on green management: An exploratory analysis. *Management Decision , 47* (7), 1041-1055.

Pattacini, V., & Weisstaub, L. (2009). La nueva arquitectura internacional de la cooperación internacional al desarrollo (2000-2009) y países de renta media (PRM). *IX Congreso Nacional de Ciencia Política. Centros y periferias: equilibrios y asimetrías en las relaciones de poder, ciudad de Santa Fe, Argentina, 19 al 22 de agosto de 2009* .

Pearson, F., & Rochester, M. (2000). *Relaciones Internacionales. Situación global en el siglo XXI.* Bogotá, Colombia: Mc Graw-Hill Interamericana, S.A.

Pereda, C. (2015). *EE UU sella el acuerdo de libre comercio con el Pacífico.* Obtenido de El País: https://elpais.com/economia/2015/10/05/actualidad/1444048323_601347.html

Pérez-Sánchez, B. (2006). La economía en la era de Juárez. *Hitos de Ciencias Económico Administrativas , 12* (32), 33-38.

Porter, M., & Van Der Linde, C. (1995). Green and competitive: ending the stalemate. *The Dynamics of the eco-efficient economy: environmental regulation and competitive advantage , 33*, 120-134.

Ramos Lara, K. J. (2012). El conocimiento activo intangible estratégico en las empresas. *Orinoco, Pensamiento y Praxis* (2), 37-48.

Rodríguez, C. (2015). *Adam Smith: La Riqueza de las Naciones.*

Rosenzweig, F. (2015). Importancia del TPP para la política comercial internacional mexicana. *Revista de Comercio Exterior* (3).

Russo, M. V., & Fouts, P. A. (1997). A Resource-Based Perspective on Corporate Environmental Performance and Profitability. *The Academy of Management Journal , 40* (3), 534-559.

Sachs, S., & Rühli, E. (2011). *Stakeholders Matter: A New Paradigm for Strategy in Society.* Cambridge: Cambridge University of Chicago Press.

Sáez Vacas, F., García, O., Palao, J., & Rojo, P. (2003). *Innovación tecnológica en las empresas.* Madrid: Universidad Politécnica de Madrid.

Santos, P. L., & Santos, T. (2011). Comercio Internacional y Medio Ambiente: sus Contribuciones al Desarrollo Económico y sus relaciones con los Impactos Ambientales Globales. *V Congreso Iberoamericano sobre Desarrollo y Ambiente de REDIBEC* (págs. 1-11). Santa Fé , Argentina: CISDAV.

Sarukhán, J., Carabias, J., Koleff, P., & Urquiza-Haas, T. (2012). *Capital natural de México: Acciones estratégicas para su valoración, preservación y recuperación.* México: Comisión Nacional para el Conocimiento y Uso de la Biodiversidad.

Satolo, E. G., & Simon, A. T. (2015). Critical analysis of assessment methodologies for intraorganizational sustainability. *Management of Environmental Quality: An International Journal*, 26 (2), 214-232.

Schlegelmilch, B. B., & Bohlen, G. M. (1996). The link between green purchasing decisions and measures of environmental consciousness. *European Journal of Marketing*, 30 (5), 35-55.

Schumpeter, J. (1957). *Teoría del Desenvolvimiento Económico*. México: Fondo de Cultura Económica.

SE. (2012). *Empresas*. Obtenido de Secretaría de Economía: http://www.2006-2012. economia.gob.mx/mexico-emprende/empresas

Secretaría de Economía. (10 de Mayo de 2015). *Comercio Exterior / Países con Tratados y Acuerdos firmados con México*. Obtenido de Gob: https://www.gob. mx/se/acciones-y-programas/comercio-exterior-paises-con-tratados-y-acuerdos-firmados-con-mexico

SEDECO. (2016). *12.16 Boletín SEDECO*. Obtenido de Gobierno del Estado de Hidalgo: http://sedeco.hidalgo.gob.mx/?p=3614

SEMARNAT & DGEIA. (2010). *Industria y medio ambiente*. Obtenido de SEMARNAT: http://dgeiawf.semarnat.gob.mx:8080/ibi_apps/WFServlet?IBIF_ ex=D2_R_INDUSTRIA01_01&IBIC_user=dgeia_mce&IBIC_pass=dgeia_mce

SEMARNAT & INECC. (2012). *Quinta Comunicación Nacional ante la Convención Marco de las Naciones Unidas sobre el Cambio Climático*. México: SEMARNAT.

SEMARNAT. (2016). *Programa de gestión para mejorar la calidad del aire del Estado de Hidalgo*. Obtenido de Gobierno del Estado de Hidalgo: https://www. gob.mx/cms/uploads/attachment/file/249576/ProAire_Hidalgo.pdf

Sena da Silva, G. C., & Dumke de Medeiros, D. (2004). Environmental management in Brazilian companies. *Management of Environmental Quality: An International Journal*, 15 (4), 380-388.

Serra, J. (2010). La Apertura Comercial de México. *Conferencia presentada en la celebración del LXX Aniversario de La Casa de España, Bicentenario de Independencia y Centenario de la Revolución Mexicana y el Colegio de México, SAI Consultores, S.C.*, 1-33.

Shrivastava, P. (1995). Environmental technologies and competitive advantage. *Strategic management journal*, 16 (S1), 183-200.

Skjong, R., & Wentworth, B. (2001). Expert Judgement and risk perception. The Eleventh International Offshore and Polar Engineering Conference.

Smith, A. (1776). *Investigación de la naturaleza y causas de la riqueza de las naciones*. Londres: W. Strahan & T. Cadell.

Steinberg, F. (2007). El futuro del comercio mundial: ¿Doha o regionalismo y bilateralismo? *Real Instituto Elcano, Área: Economía y Comercio Internacional* (95/2007), 1-7.

Stewart, T. A. (1998). *La nueva riqueza de las organizaciones: El Capital Intelectual.* Buenos Aires: Ediciones Granica.

Subramaniam, M., & Youndt, M. A. (2005). The influence of intellectual on the types of innovate capabilities . *Academy of Management Journal , 48* (3), 450-463.

Taalas, P. (2016 йил 24-Octubre). *Organización Meteorológica Mundial.* Retrieved 2017 йил 21-Enero from https://public.wmo.int/es/media/comunicados-de-prensa/el-promedio-mundial-de-co2-alcanza-las-400-partes-por-mill%C3%B3n-en-2015

Toledo, V. (2007). *Introducción al estudio de las Relaciones Internacionales* (Primera ed.). Salta, Universidad Católica de Salta: EUCASA.

Torres, C. (2017). *Ocupa México cuarto lugar mundial en megadiversidad.* Obtenido de La Jornada en la Ciencia: http://ciencias.jornada.com.mx/2017/05/20/ocupa-mexico-cuarto-lugar-mundial-en-megadiversidad-509.html

Turner, F., & Corbacho, A. (2000). New roles for the state. *International social science journal , 1* (163), 109-120.

UICN. (2018). *La Convención Marco de las Naciones Unidas sobre el Cambio Climático, actividades forestales y uso del suelo.* Obtenido de Unión Internacional para la Conservación de la Naturaleza: https://www.iucn.org/es/regiones/am%C3%A9rica-del-sur/nuestro-trabajo/cambio-clim%C3%A1tico-en-am%C3%A9rica-del-sur/bosques-y-cambio-clim%C3%A1tico/cmnucc

Universidad de la Punta . (2017). *ULP.* Obtenido de ULP: http://contenidosdigitales.ulp.edu.ar/exe/geo1/los_bloques_de_integracin_regional.html

Vargas, B. (2013). La complejidad del orden mundial a las puertas del siglo XXI: una aproximación teórica. *Agenda Internacional , 4* (10), 93-96.

Véliz, J. (1954). Comercio Exterior de México 1910-1940. *Revista de Comercio Exterior ,* 108-111.

Welch, S., & Comer, J. (1988). *Quantitative methods for public administration: Techniques and applications.* Boston: Houghton Mifflin Harcourt P.

Yahya, N. A., Arshad, R., & Kamaluddin, A. (2015). Green Intellectual Capital Resources as Drivers of Firms' Competitive Advantage. *roceedings of the 12th International Conference on Intellectual Capital Knowledge Management and Organisational Learning, ICICKM 2015 , 2015,* 327-335.

*Comercio, Medio Ambiente y Capital
Intelectual Verde, una acción trifásica
para México: Caso Hidalgo*
se terminó de imprimir
en diciembre 2019
el tiraje consta de 1 000 ejemplares